Default on

Obligations in Cases

債法總論實例研習
——債務不履行及其他債編問題

劉昭辰／著

三民書局

國家圖書館出版品預行編目資料

債法總論實例研習：債務不履行及其他債編問題 / 劉
昭辰著.――初版一刷.――臺北市: 三民, 2017
面；　公分

ISBN 978–957–14–6316–2　（平裝）
　1.債法

584.3   106011427

© 　債法總論實例研習
　　――債務不履行及其他債編問題

著 作 人	劉昭辰
責任編輯	沈家君
美術設計	林易儒
發 行 人	劉振強
著作財產權人	三民書局股份有限公司
發 行 所	三民書局股份有限公司
	地址　臺北市復興北路386號
	電話　(02)25006600
	郵撥帳號　0009998–5
門 市 部	（復北店）臺北市復興北路386號
	（重南店）臺北市重慶南路一段61號
出版日期	初版一刷　2017年8月
編　　號	S 586290

行政院新聞局登記證局版臺業字第○二○○號

ISBN　978-957-14-6316-2　　（平裝）

http://www.sanmin.com.tw　三民網路書店
※本書如有缺頁、破損或裝訂錯誤，請寄回本公司更換。

序　言

　　民法實例研習叢書系列，已經陸續完整出版到第四冊，作者必須特別感謝三民書局，能以私人力量贊助完成公部門一直所要推動的「實例教學」目標，誠屬難得。

　　實例研習不同於教科書編寫，目標及功能是要訓練法律人使用法律條文於生活，賦予法律條文以生命力，使得法律條文不再只是抽象的文字而已，本書讀者自也應抱持此一態度，閱讀並使用本書。本書的完成，首先要感謝中興大學學生在課堂上的參與，更要感謝吳韋靜同學的仔細校閱及意見提供，她日後成為一位出色的法律人，指日可待。當然也要再度感謝世新大學圖書館舒適的閱讀環境及本書編輯的細心編排。如意漸漸長大，不希望在序言被提到，所以我和太太玟杏就只能默默地祝福他：平安、喜樂。一如以往，歡迎讀者對本書提供所有的指正及鼓勵，請郵寄：Erwin@nchu.edu.tw。

　　多年前，作者應聘接受中興大學法律系的親屬法首席教職，繼續於親屬法的教學及鑽研，在此特別感謝所有師生的支持。

　　最後謹以本書對孫森焱大法官《民法債編總論》教科書，在我國債法上的經典貢獻，致上最大敬意。

劉昭辰

2017 年 7 月

於中興湖畔

債法總論實例研習——
債務不履行及其他債編問題

Contents 目次

序 言

第二章　損害賠償

第三章　其他債之關係

第一章
債務不履行

一、給付不能

例題 1【原住民保留地的買賣】──暫時不能與永久不能

因中國對臺灣農產需求大增，因此 A 遂想向原住民 B 購買其所擁有的一塊原住民保留地，計畫用來種植水果。而 B 因年老無力耕作，亦有意願，但因 A 不具原住民身分而作罷（原住民保留地開發管理辦法第 18 條：「原住民取得原住民保留地所有權後，除政府指定之特定用途外，其移轉之承受人以原住民為限」）。然最近出現風聲，謠傳原住民保留地的禁止移轉規定即將解禁，非具原住民身分者亦可受讓原住民保留地，因此 A、B 二人即以此為前提，訂立買賣契約。

誰知三年過去，仍未見解禁，而農產輸中市場也漸漸飽和，待立法院本會期結束後，A 遂向 B 表示，不願再等。三天後，立法院加開臨時會，卻修法通過解禁。問：B 得否向 A 請求買賣價金？

說明

本題練習民法第 246 條的「自始客觀不能」，學習者應熟練該構成要件及法律效果。

擬答

B 可以向 A 請求價金給付的請求權根據，可能是民法第 367 條。而該請求權存在的前提必須是兩人間就原住民保留地的買賣契約有效成立，而依題意應考慮，該買賣契約是否會因民法第 246 條第 1 項而無效？

1.民法第 246 條第 1 項本文

依民法第 246 條第 1 項本文觀之：「以不能之給付為契約標的者，其契約為無效」，雖條文本身文意不清，但由立法理由得知，僅指「**自始客觀不能**」

為給付標的者❶，契約才會無效。本題不具原住民身分的 A 向 B 購買原住民保留地，自屬在契約成立時❷，違反法律規定而無法給付，構成「給付客觀不能」中的「**法律不能**」類型，且是「自始不能」，因此按民法第 246 條第 1 項本文規定，似乎應屬無效。

2.民法第 246 條第 1 項但書

(1)暫時不能或是永久不能

然民法第 246 條第 1 項但書卻又規定：「但其不能情形可以除去，而當事人訂約時並預期於不能之情形除去後為給付者，其契約仍為有效」。由但書規定，可知民法第 246 條第 1 項本文的「不能」，是指再也無法除去的「**永久不能**」，而不是「**暫時不能**」。

因此如果當事人是以「暫時不能」之給付為契約標的者，不排除可以根據同項但書規定，約定在不能情形除去後，再為給付，如此契約即為有效，而本題即是如此，因為不排除立法院會修法解禁原住民保留地的禁止移轉規定，故 A、B 兩人即可以約定，在法令修訂後再為給付，至此可以認為 A、B 間的買賣契約，似乎尚難認為無效。

(2)暫時不能去除的合理期待性

只要給付的客觀不能屬於暫時不能，契約雙方當事人可以約定在暫時不能

---

❶ 參閱劉春堂，民法債編通則(一)，第 203 頁；陳啓垂，民法債編總論實例研習，第 436 頁。

❷ 給付自始不能的判斷時點，係以契約成立時為準，而非以契約生效為準，此可由民法第 264 條規定可知：自始不能認定時點以契約成立時為原則（第 1 項），契約生效時為例外（第 2 項），並參照最高法院 86 年臺上字第 507 號判決：「契約所約定之給付能否給付，應以契約成立時決之。若斯時所約定之給付已屬不能，縱嗣後該不能之情形得以除去，亦不得謂契約非以不能給付為標的（民法第二百四十六條第一項但書、第二項之約定，其契約依法仍為有效除外）」。此外，因為「給付自始客觀不能」的事實是屬於權利消滅抗辯，因此舉證應由債務人為之。但民法第 226 條第 1 項的「給付不能」事實，卻是權利成立要件，因此必須由債權人舉證：參閱黃立，民法債編總論，第 437 頁。

情形去除後，再為給付，契約仍為有效。只是不能情形何時可以除去？往往非雙方當事人所能掌握，因此雙方當事人會根據民法第 246 條第 2 項的規定意旨：「附停止條件或始期之契約，於條件成就或期限屆至前，不能之情形已除去者，其契約為有效」，而在契約中約定一定期限，等待不能情形的除去。如果在此等期限內，該不能情形仍無法除去，使得債務人屆期無法給付，就應認為給付永久不能，故契約終極確定無效。

惟本題的 A、B 二人並未在契約中約定一定期限，等待期限勢必將遙遙無期。於此學說 ❸ 認為，如果繼續的等待會危及契約目的性，而對契約當事人而言，並無合理期待性時，就應將暫時不能同視為永久不能。本題因三年過去，農產輸中漸漸飽和，要求 A 必須再繼續等待立法解禁，已經不符合當初保留地買賣的目的性，自欠缺合理期待性，因此應認為該契約永久客觀給付不能，且不能的原因自始存在，因此根據民法第 246 條第 1 項本文，本題 A、B 間的買賣契約終極無效確定。至於事後立法院加開臨時會，立法解禁保留地買賣，並無法改變已經「永久不能」的法律上事實（所謂「**一旦不能，永久不能**」）❹。

結論：B 不能向 A 請求買賣價金。

【題後說明】

1.「法律不能」不排除亦有民法第 227 條之 2 情事變更適用的可能性，例如雙方都不知法律禁止事項而訂約，就可主張情事變更，而請求重新調整契約內容。此外，契約標的「法律不能」，除有民法第 246 條的無效效果外，往往也會構成民法第 71 條的違反法律強制規定而無效。

2.民法第 246 條的自始客觀給付不能，實務上經典案例，如「期貨交易」或是「契作」，兩者都是避險制度，一方面當事人可以確保不受價格波動影

---

❸ Medicus, SchR I §33 III 3 c.

❹ 參照上述最高法院 86 年臺上字第 507 號判決。

響，另一方面也可以確保物資不致中斷。前者指向產油國以一定的價格購買一定數量，但卻尚未產出的原油，約定六個月原油產出後交貨；後者則是以一定的價格收購尚未播種的稻作，約定明年收成後交貨。

必須特別提醒讀者的是，對於所有權的移轉，當事人往往會採「預先的占有改定」方式❺，因此一旦產油國完成原油的汲取或是農夫完成作物的收割，買受人即取得間接占有地位，並在法律上瞬間取得原油或是農作物的所有權（參照民法第 761 條第 2 項），進而可以主張第三人異議之訴，以貫徹避險的意旨。

3. 根據土地登記規則第 79 條第 1 項規定：「申請建物所有權第一次登記，應提出使用執照或依法得免發使用執照之證件及建物測量成果圖或建物標示圖」，及建築法第 25 條規定：「建築物非經申請直轄市、縣（市）（局）主管建築機關之審查許可並發給執照，不得擅自建造或使用或拆除」，故違章建築因欠缺使用執照，而無法為保存登記，因此買賣違章建築也將因出賣人無法移轉登記違章建築所有權給買受人，而構成自始客觀給付不能（法律不能），應根據民法第 246 條第 1 項本文而無效。

但最高法院❻卻認為違章建築買賣標的為**「事實上處分權」**，故契約仍為有效，實令作者不解。此外，法院可以對違章建築進行強制執行，並公開拍賣（法院不是應通報拆除嗎？），亦令作者不解。然因違章建築並未辦理保存登記，所以理應也無法為查封登記，但根據民國 64 年修訂的「未登記建築改良物辦理查封登記聯繫辦法」規定，法院卻可以就「未登記建築物」囑託地政機關為「查封登記」（地政機關不是應通報拆除嗎？），致使原本「不能登記」的違章建築，最後竟可以「登記」！更甚者，違章建築也必須繳納房屋稅（稅捐機關不是應通報拆除嗎？），而公權力課稅行為所可能引發的信賴保護問題，使得違建的拆除即不具有正當性。凡此種種現象，應該都是公權力無力拆除違章建築的妥協結果，但明顯欠缺法律理論基礎。

❺ 參閱劉昭辰，物權法實例研習，例題 6。

❻ 參閱最高法院 69 年臺上字第 696 號判決。

例題2【兩幅名畫】——自始客觀不能及自始主觀不能

A分別收藏一幅價值不斐的真跡國畫及無甚價值的西畫贗品，平常存放於鄉下別墅。因A有清償債務壓力，故欲將該兩幅畫出售給知情的B。兩人約在咖啡廳商談，B始終質疑國畫的真偽，但A卻信誓旦旦保證，並一再催促B想買就要快，以免向隅，因此B在未親自察看國畫之情況下，立即完成議約，並當場給付價金，約定下星期交畫。B高興之餘，立即打電話向保險公司C，表示要對國畫投保，C立即投入相關保險作業。

一星期後，A回到鄉下別墅，才發現該幅國畫早在一個月前，已經因颱風水災而毀損，一文不值，西畫則是在更早之前，因別墅並未確實上鎖，而被小偷D竊走。B得知後，異常憤怒，要求A負起責任。A則表示，B所交付的國畫價金已經用於清償債務，西畫價金則是贈與給女友E。問：B可以如何主張？

說明

民法僅對自始客觀給付不能有明文的規定，但對於自始主觀給付不能並未有明文規範，而是以習慣法處理。學習者應同時練習，並就兩者的構成要件及法律效果，清楚區辨。

擬答

1.國畫部分——自始客觀給付不能

因A、B兩人在成立國畫買賣契約時，國畫已經毀損至一文不值，因此構成自始客觀給付不能（經濟不能），契約無效（參照民法第246條第1項），自無疑義。接續要討論的是：

⑴B得否根據民法第247條向A主張損害賠償？

民法第247條規定：「契約因以不能之給付為標的而無效者，當事人於訂約

時知其不能或可得而知者，對於非因過失而信契約為有效致受損害之他方當事人，負賠償責任」。應討論的要件，計有：

a.過　失

問題是：A 就已全毀的國畫和 B 訂立買賣契約，進而導致契約無效，是否可得而知？以本題而言，A 對颱風如此重大資訊及對珍貴名畫所造成的損害，竟然直到一個月後才得知，實非尋常，此外與他人訂立價值不斐的名畫買賣，也應再確認名畫的現況，但 A 卻在未有任何的確認作為下，與他人訂約，顯未盡其應有的注意義務，應認定有過失。

b.信賴利益賠償

民法第 247 條明文規定，債權人求償範圍以**信賴利益**為限，而非是**履行利益**。以本題而言，B 所損失的信賴利益，似乎有可能是徒勞無益而繳交的名畫保險費，但是因 B、C 間的保險契約是針對已經全毀的名畫，故該保險契約也應構成自始客觀給付不能而無效，因此 B 實際上並無繳交保險費用給 C 的義務，B 頂多在符合要件下，只須向 C 負起保險作業所須支出的行政費用而已（信賴利益賠償），因此 A 僅須就該部分為賠償。

(2)價金不當得利返還

因 A、B 間的國畫買賣契約無效，故 B 可以根據民法第 179 條的不當得利，向 A 主張已給付價金的返還。問題是，A 可否主張該價金已經用以清償債務，因此所得利益已不存在，故根據民法第 182 條第 1 項，免負返還義務？根據最高法院 41 年臺上字第 637 號判例意旨，民法第 182 條所謂所受之利益已不存在者，非指所受利益之原形不存在者而言，原形雖不存在，而實際上受領人所獲財產總額之增加現尚存在時，不得謂所得利益已不存在，因此本題 A 將所得價金清償債務，因而費用有所節省，致使自己整體財產利益仍有所增加，故尚不得主張所得利益不存在。

結論：A 必須賠償 B 所給付給保險公司的行政費用，並返還價金。

2.西畫部分——自始主觀給付不能

⑴不能？ 遲延？

因為西畫並未因水災而毀損，因此尚不構成給付客觀不能。然出售被偷竊的西畫，以致出賣人 A 無法依約給付，究竟應構成「永久不能」的「主觀給付不能」？ 或是「暫時不能」的「給付遲延」？ 不無疑問❼。一般以為❽，在符合誠實信用原則下（民法第 148 條第 2 項），應考量可否期待當事人繼續等待給付實現的合理期待可能性？ 如果尚有合理期待可能性，就是給付遲延，反之則是給付不能。

以本題而言，失竊的西畫僅為無甚價值的贗品，且已失竊一個月以上，按生活經驗，實難期待可以再找回。或許有論者以為，在龐大警力協尋下，不排除仍有尋回可能，但過度龐大的費用支出，以求價值微小的給付實現，並不符合比例原則，構成學說所謂的「經濟不能」（試想「海底撈針」）❾，也是屬於給付不能的一種，故本題終究應認為 A 對西畫的給付已構成不能。

⑵過失要件之學說爭議

契約以自始主觀給付不能為標的者，民法未有明文規定，一般以習慣法處理，而認為契約有效，並應類推適用相關事後給付不能的規定。以本題而言，應檢查 B 是否可以類推適用民法第 226 條向 A 主張履行利益的賠償？而學說之爭執點,乃在於債務人應就自始主觀給付不能負起一般過失責任，抑或應負起無過失責任？

a.一般過失

我國通說❿認為，債務人自始主觀給付不能，實如事後給付不能般，應

---

❼ 參閱孫森焱，民法債編總論，第 517 頁。

❽ Medicus, SchR I §33 III 3 c. 孫森焱教授則以為，「應斟酌具體情況，依當事人訂約本旨，基於公平原則判斷之」，參閱：民法債編總論（下），第 517 頁。並參閱例題 1。

❾ 參閱劉春堂，民法債編通則㈠，第 204 頁。

類推適用民法第 226 條規定，以債務人有一般輕過失為必要，始負賠償
責任。對此，本題擬答須特別說明的是，債務人對於自始主觀給付不
能，所應負起的一般輕過失責任，並非指債務人必須對造成自始主觀給
付不能的「原因」，負起過失責任，換言之，本題即使 A 在尚未訂立契
約前，因疏於注意而未將別墅大門上鎖，導致西畫失竊，債權人 B 仍
無得依此追究 A 主觀給付不能的過失賠償責任，因為任何人都無須在
欠缺特殊的債之關係聯繫下，對第三人負起疏於保管自己所有之物的損
害賠償責任。

據此，本題擬答強調，**所謂債務人必須對自始主觀給付不能，負起一般
過失責任，應如同民法第 247 條自始客觀給付不能，乃是指債務人是
否對自始主觀給付不能的情況，有無可得而知之可能？** 而並非是指對主
觀給付不能原因，有無過失？換言之，本題追究 A 自始主觀給付不能
的過失責任，關鍵在於：A 對於西畫已經失竊的事實，有無可得而知的
可能？本題擬答以為，有鑑於西畫是一無甚價值的贗品，自也無須課以
出賣人 A 過高的標的物存在認知注意義務，因此宜認為 A 並無過失，
故 A 也就無須負起損害賠償責任。

b. 無過失擔保責任

惟亦有學說❶認為，債務人須對自始主觀給付不能，負起無過失賠償責
任，因當債務人在契約訂立時，向債權人承諾給付，同時即包含承諾擔
保自己的給付能力，因此債務人必須向債權人負起無過失的給付不能責
任才是。

c. 限制擔保責任（契約擔保給付能力理論）

另有學說❷認為，以本題而言，雖然因 A 的別墅大門未上鎖，而導致

---

❶ 史尚寬，債法總論，第 363 頁；邱聰智，新訂民法債編通則（下），第 434 頁及第
516 頁。

❷ 詹森林，民事法理與判決研究㈤，第 45 頁。

❷ Larenz, SchR I §8 II; Medicus, SchR I §33 IV 3.

西畫失竊，然當時 A、B 間尚欠缺任何特殊緊密的債之關係聯繫存在，故 A 並無須對第三人負起疏於保管所有物的注意義務，因此上述「擔保說」卻要 A 對 B 就自己的自始給付能力，一概負起「法定無過失擔保責任」，未免失之過嚴。

學說繼續認為，債務人必須對自己的自始給付能力，負起無過失責任，不能是來自於法律強制規定，而僅能來自於債務人的承諾意思。換言之，**唯有在個案上，可以透過契約的解釋，認定債務人有意對自己的自始給付能力負起擔保責任，才能對債務人的自始主觀不能，課以無過失責任。** 以本題而言，A 向 B 保證國畫為真跡，且在 B 未曾察看國畫之情況下，就催促 B 立即訂約，由此可以認為 A 有意對 B 承諾自己的履約給付能力，而願意負起無過失的擔保責任。但必須強調，透過契約的合理解釋，一般而言，宜認為債務人也只願意僅就「自己所能掌控的範圍」，負起自始給付能力的無過失擔保而已，而排除自己所無法掌控的不可抗力情況。依此契約解釋，有鑑於竊盜事件難以防範，因此原則上也難謂債務人有意對竊盜所導致的自始主觀給付不能，承諾負起無過失的給付能力擔保責任（擔保西畫絕對沒有失竊）。然本題的西畫失竊事件，終究是肇因於 A 的別墅大門未上鎖所致，故仍屬於自己「所可以掌控的範圍」，因此在合理的解釋下，可以認為債務人 A 仍有意就此為擔保（擔保別墅已經確實上鎖），故本題債務人 A 終究必須就自己的給付承諾，負起無過失的擔保責任。

結論： 雖然折衷說可以精確區別個案的合理性，但本題擬答仍採今日通說，故 B 無得向 A 請求賠償。

(3)代償請求權

本題 B 雖無得向 A 請求西畫給付不能的損害賠償，但在類推適用❸民法第 226 條第 2 項，B 可以向 A 請求讓與對小偷 D 的損害賠償請求權，以代原

---

❸ 對此問題，參閱例題 4。

先給付。

⑷類推適用民法第 266 條第 2 項

此外，本題因 A 無過失而致給付不能，故免損害賠償責任，不排除 B 可以類推適用民法第 266 條第 2 項：「前項情形，已為全部或一部之對待給付者，得依關於不當得利之規定，請求返還」，主張自己也免對待給付義務，而效果準用不當得利，請求 A 返還價金。

只是 A 主張已經將價金贈與女友，是否可以根據民法第 182 條第 1 項規定，免返還義務？在此必須再次強調最高法院 41 年臺上字第 637 號判例意旨，並應進一步檢查，A 是否因將價金贈與女友，而有整體財產利益的增加？該問題端視 A 是否早已有經濟計畫，要贈與女友金錢，如肯定之，則 A 將事後所得價金贈與女友，就有費用的節省，故 A 的整體財產價值仍有所增加，故而仍必須對 B 負起不當得利返還責任。但若 A 是在得到價金給付後，才有贈與女友金錢的計畫，則善意的 A 就可以主張所得利益已不存在，故根據民法第 182 條第 1 項，免返還義務。此時 B 根據民法第 183 條：「不當得利之受領人，以其所受者，無償讓與第三人，而受領人因此免返還義務者，第三人於其所免返還義務之限度內，負返還責任」，可改向 A 的女友主張價金的返還。而本題事實不清，因此根據舉證分配，應由利益取得人 A 負擔舉證上的不利益，故 A 終究無法主張所得利益不存在。

結論：B 可以就民法第 226 條第 2 項及民法第 266 條第 2 項，擇一行使。

【題後說明】

本例題如果對「自始主觀給付不能」採過失責任，則債務人的過失是指「債務人是否對自始主觀給付不能情況，有無可得而知之可能」，而非指「債務人必須對造成自始主觀給付不能的原因負責」，因為在欠缺特殊的債之關係聯繫下，任何人都無須對第三人負起疏於保管自己所有之物的損害賠償責任。同樣地，如果本題 A 雖疏於將別墅大門上鎖，但卻是直到 A 將西畫賣給 B

後，西畫才遭竊，以致構成「事後主觀給付不能」，A 是否應對該給付不能負起民法第 226 條的過失賠償責任？亦不無疑問，因為在契約尚未成立時，縱然 A 未將別墅大門上鎖，亦難謂有過失可言，而在契約成立時，A 卻已無能力防範西畫遭竊，因此也就不存在有所謂疏於保管注意義務可言。對於此一情況，學說❶仍嘗試以「契約擔保給付能力理論」解決，而認為不能一概對債務人「事後主觀不能」加諸「法定無過失責任」，依學說意見，唯有透過契約的解釋，在個案上可以確認債務人在成立契約時，有意向債權人承諾願意對肇因於自己的行為所發生的給付不能負責（即使自己的肇因行為早發生在契約成立之前），才可以對本案的「事後主觀給付不能」，加諸債務人無過失賠償責任。

---

❶ BGH WM 60, 582.

例題 3【國慶牌樓】——相對及絕對定期契約

為因應民國 100 年國慶慶典，總統府和承攬包商 A 約定，應該在 10 月 5 日前將慶典牌樓搭建完成，工程費用總計 100 萬元。但因回國臺僑及外國遊客眾多，即使相關單位已派出許多警力，總統府周遭博愛特區的交通卻仍陷入混亂，而影響施工進行，導致 A 無法準時於 10 月 5 日完成牌樓工程，使得 10 月 10 日國慶典禮異常尷尬。終於 A 在 10 月 11 日完成牌樓搭建，但突兀的是，牌樓上清楚漆有「慶祝民國 100 年國慶大典」。A 欲向總統府請求 100 萬承攬報酬，是否有理？

說明

本題要練習「相對定期契約」及「絕對定期契約」的區別，並釐清如何適用民法第 254 條、第 255 條及第 256 條的相關解除規定。惟因法條語意不清，教科書亦未清楚闡述，以致屢屢造成作者上課講解時的困擾，也造成學習者的障礙及混淆，亟待修法。

擬答

A 得否根據民法第 490 條向總統府請求 100 萬元工程報酬，取決於該承攬報酬請求權有無消滅原因？考慮如下：

1.給付遲延

⑴一般定期契約

本題的承攬契約訂有給付期限，而 A 卻屆期未完成（參照民法第 229 條第 1 項），但因不可歸責於 A，故並不構成給付遲延（參照民法第 230 條），因而也就不須考慮討論總統府可否主張民法第 232 條的法律效果。

⑵相對定期契約

a.概　念

如本題的完工日期具有重大意義，而構成「相對定期契約」，不排除總統府可以參照民法第 502 條第 2 項及第 255 條規定，不待（解除）催告就可以直接解除契約，並可以拒絕給付工程報酬。**所謂「相對定期契約」是指當事人在訂立契約時，該契約內容能否準時在約定期限內被給付，至少對於一方契約當事人而言，構成契約訂立與否的重要考量基礎。**換言之，唯有契約能夠被準時履行，一方契約當事人才會訂約；反之，一方契約當事人如果在契約訂立時，即知道契約無法被準時履行，當事人就不會訂約，而會另做考量，這種契約就是「相對定期契約」。當事人是否有意訂立「相對定期契約」，往往必須透過契約解釋，始能得知，典型的相對定期契約類型：例如飛機、高鐵的運輸契約、電影的放映場次，或是職棒的比賽場次等等（承攬契約）**❺**。而興建一般運動場館的承攬契約，通常是屬於一般定期契約，但如果是專為舉行世大運而蓋的運動場館，就是相對定期契約，因為如果定作人自始就知道承攬人無法如期完成世大運場館的興建，就不會訂約，而會另謀他途。

b. **法律效果**

因可歸責債務人而致無法準時給付，即使是「相對定期契約」，也僅構成給付遲延，而非給付不能。然因「相對定期契約」的準時給付，構成一方契約當事人訂立契約與否的重要考量點，因此一旦債務無法準時給付，即使債務人並無過失，而並未陷入給付遲延（參照民法第 230 條），也應賦予債權人有解除契約的權限，經典之事例：高鐵誤點無法準時進站，不論是否可歸責於高鐵公司之事由（例如因地震停駛），都應該同意乘客可以解除契約（退票），或是職棒無法準時開打，不論可否歸責於職棒聯盟（例如下雨），也都應同意球迷可以解除契約。

必須特別強調，既然「相對定期契約」的準時給付，構成一方契約當事人訂立契約與否的考量點，**故「相對定期契約」的解除，就不同於民法**

---

❺ 參照民法第 502 條第 2 項的用語：「如以工作於特定期限完成或交付為契約之要素者」。

第 254 條「一般定期契約」的解除，債權人自無須向債務人為解除催告，即可以立即解除契約，例如高鐵車班遲延，乘客自然無須定相當履行期限的解除催告 ⓰，就可以解除契約，而改搭其他交通工具，以求能夠繼續準時趕上行程，或是球迷無須定相當履行期限的解除催告，就可以立即解除契約，而另作其他娛樂安排，以充分利用休假機會。換言之，「相對定期契約」的解除，不應是適用民法第 254 條，而應是類推適用 ⓱ 民法第 255 條才是，即只要債務人未準時給付，債權人無須為解除催告，就可以直接解除契約，最高法院 31 年上字第 2840 號判例即明言：「民法第二百五十五條之規定，固於相對定期行為亦有適用，惟相對定期行為之成立，以當事人間就履行期之特別重要成立合意為要件」。

(3)立法缺失

由上述可知，債務人無法就「相對定期契約」準時給付時，不論可否歸責於債務人，債權人都無須定相當履行期限的解除催告，就可以直接解除契約。但民法第 502 條第 2 項作為民法第 255 條的特別規定，卻規定：「前項情形，如以工作於特定期限完成或交付為契約之要素者，定作人得解除契約，並得請求賠償因不履行而生之損害」，並在民法第 502 條第 1 項開宗明義明言：「因可歸責於承攬人之事由」，依此，若為高鐵運輸契約（法律本質是承攬契約的一種），如果在適用民法第 502 條第 2 項下，因不可歸責高鐵公司而致班次延誤，乘客竟不能解除契約，實在無法令人接受。民法第 502 條第 2 項是立法疏失？抑或不理解法律理論？亟待立法者釐清。

⓰ 但仍必須注意誠實信用原則，例如高鐵僅是延遲 3 分鐘，乘客仍不能率而就解除契約。

⓱ 因為根據民法第 255 條原文文意應指「絕對定期契約」，因此民法第 255 條只能被類推適用於「相對定期契約」，見下述。

2.給付不能──**絕對定期契約**

(1)概　念

給付時間點之重要性，可能因債務人未能準時給付時，構成給付不能，此種契約稱之為「絕對定期契約」，對此最高法院 30 年滬上字第 1 號判例明言：「定期行為，有絕對的定期行為與相對的定期行為之分，前者經過給付期，固即成為給付不能，而後者則不因經過給付期而成為給付不能」。絕對定期契約的約定，往往須透過契約的解釋，且須以契約目的為斷：按契約目的，如果債務人無法準時給付，則債務人繼續的給付，因無法達成契約目的，故對債權人而言就無意義，就應構成給付不能，而非給付遲延。典型例子：訂製結婚蛋糕應在結婚典禮進行時，準時送到；機場接送的計程車，也應準時到達機場，此外本題的國慶牌樓搭建，亦是絕對定期契約❶。

(2)法律效果

在「絕對定期契約」下，當債務人無法準時履行時，應構成給付不能。如果是不可歸責債務人，則債務人根據民法第 225 條免給付義務，而債權人則可以根據民法第 266 條第 1 項，免除自己的對待給付，換言之，不同於「相對定期契約」，債權人根本不需再解除契約，就可以拒絕自己的對待給付義務。

但如果是可歸責於債務人而致給付不能，債權人可以根據民法第 226 條第 1 項向債務人請求履行利益的損害賠償，但也必須再繼續向債務人為自己的對待給付義務（互換計算）❶，故如果債權人不願繼續向債務人為對待給付，就必須進一步根據民法第 256 條解除契約❷，始能拒絕。

---

❶ 參照最高法院 90 年臺上字第 2042 號判決。

❶ 如果採差額計算，債權人可以直接就雙方給付之差額請求損害賠償，終究也可以免於對待給付，參閱：林誠二，債法總論新解（下），第 321 頁，並參閱例題 6、7。

❷ 民法第 256 條的適用，在實務上並無重要性，而僅見於「互易」之情況：參閱例題 6、7 及林誠二，債法總論新解（下），第 321 頁。

(3)立法缺陷

問題出現在民法第 255 條規定：「依契約之性質或當事人之意思表示，非於一定時期為給付不能達其契約之目的，而契約當事人之一方不按照時期給付者，他方當事人得不為前條之催告，解除其契約」。按條文文意「依契約之性質或當事人之意思表示，非於一定時期為給付不能達其契約之目的」，概念及文意上明顯應是指「絕對定期契約」。依此，如果是不可歸責債務人而致絕對定期契約給付不能，根據民法第 255 條債權人尚且必須以意思表示解除契約後，始可以拒絕自己的對待給付，相較於上述民法第 225 條及第 266 條第 1 項規定，顯得根本多此一舉，亟待修法。修法方向應是將民法第 255 條的原文文意修改成為僅針對「相對定期契約」，而排除「絕對定期契約」❷。

(4)解題意見

本題擬答認為，債務人未能準時給付，在絕對定期契約構成給付不能，如果不可歸責債務人，則應適用民法第 225 條及第 266 條第 1 項，因此本題似乎總統府債權人不須解除契約，即可以拒絕承攬報酬對待給付。問題是，本題「因回國臺僑及外國遊客眾多，即使相關單位已派出許多警力，總統府周遭博愛特區的交通卻仍陷入混亂，而影響施工進行」，固然該結果係不可歸責於雙方當事人，但是能否適用民法第 266 條第 1 項？不無疑問，因為終究給付不能原因乃是出於總統府周遭博愛特區的交通混亂情況，屬於承攬定作人總統府自己的範疇事由，根據「**危險領域**」觀點，理應由較接近給付不能原因的當事人承擔不利益，就價值判斷及風險分擔上，才屬合理，**民法第 509 條即對危險領域理論定有明文規範**，故本題擬答以為，總統府不能援引民法第 266 條第 1 項，拒絕報酬給付義務。相反地，定作人總統府必須根據民法第 509 條的危險領域理論，繼續對承攬人 A 負起承攬

---

❷ 按作者的修法意見，修法結果將使民法第 254 條針對「一般定期契約」，民法第 255 條針對「相對定期契約」，而民法第 256 條則是針對「絕對定期契約」，具有完整的體系性，並符合解除權的法律理論。

報酬給付義務。

如果解題者仍選擇適用民法第 255 條❷，則必須提醒，原則上該條文的構成要件，不以可歸責債務人為必要，只要債務人未能準時給付，債權人即可不待解除催告而解除契約。必須強調的是，如果債務人未能準時提出給付，原因可歸責於債權人，抑或根據「危險領域理論」理應由債權人承擔對待給付風險者（價金風險），當無民法第 255 條適用餘地，自不待言。據此，本題總統府仍無得主張適用民法第 255 條解除契約，而終究必須給付報酬給 A。

結論：A 可以向總統府請求 100 萬元承攬報酬給付。

【題後說明】

1. 由法律效果觀之，民法第 255 條明顯地應指「相對定期契約」，才不失其意義，但法律用語「非於一定時期為給付不能達其契約之目的」卻是指「絕對定期契約」，以致造成作者教學時的困擾。建議讀者可回頭參照民法第 502 條第 1 項的法律用語：「如以工作於特定期限完成或交付為契約之要素者」，清楚區別「絕對定期契約」和「相對定期契約」兩者不同的定義、概念及法律效果。對此，非但學說恐有所誤解，即使最高法院 90 年臺上字第 2042 號判決，亦將兩者混淆：「惟所謂工作於特定期限完成或交付為要素者，係指工作於特定期限完成或交付為構成契約內容必要之要件，此與民法第二百五十五條規定之旨趣大致相同，即指依契約之性質或當事人之意思表示，非於一定時期為給付不能達契約之目的而言。所謂依契約之性質非於一定時期為給付不能達其契約之目的，係指就契約本身為客觀上觀察，即可認識非於一定時期為給付不能達其契約目的之情形而言，如定製慶祝國慶牌坊是」，不無疑問。

---

❷ 雖然民法第 502 條第 2 項是民法第 255 條的特別規定，但卻存在立法上的缺失，因此本題不建議援引。

2.根據危險領域理論，較接近給付不能原因者，必須承擔起對待給付危險（價金危險），此為民法第 266 條第 1 項的特別規定，典型法律明文規定者，例如民法第 487 條及第 509 條。此外，教科書重要的例子尚有：委託拖船拖吊拋錨的船隻，但船隻卻沉沒；或病患因病況痊癒，以致醫師的醫療行為再無意義等等，都值得學習者注意。

3.作者在課堂上舉例「書局未能在國家考試舉行前，將總複習大全送至債權人處」，是相對定期契約？抑或絕對定期契約？總是引起熱烈討論。作者以為，依契約解釋，「總複習大全」一書的目的是為準備考試（如果法官使用總複習大全判案，就太驚人了），且僅用於本次國家考試（考試用書每年都會有新版），因此如同本案一般，書局未能在本次國家考試前準時給付，即無法達成購書應考目的，應構成給付不能，而非僅是給付遲延。

例題 4【無出口的車庫】❷——代償請求權

> 　　A 想在自己土地上蓋房子及車庫。然車庫出口位於鄰居 B 的土地，因此和 B 約定設定不動產役權（民法第 851 條）。就在 A、B 兩人到地政事務所登記不動產役權前，B 竟將其土地出售給 C，並完成移轉登記，獲得價金 600 萬元。事後 C 不願讓 A 的汽車通行其地，A 對 B 的行為，感到心有不甘，遂主張 B 必須將所得價金 600 萬元的一部分，予以賠償，蓋 B 取得該部分的利益，為不履行設定不動產役權給 A 而取得（債務不履行），若在正常履行債務情況下，因土地設有不動產役權，B 之土地價值根本低於 600 萬元。A 之主張是否有理？

說明

　　民法第 225 條第 1 項的「代償請求權」，具有實務上的重要性，透過本例題可清楚講解「代償請求權」的法律本質。

擬答

　　根據題意，A 的主張根據應該是債務不履行中的「代償請求權」。討論如下：

1.請求權基礎

民法債務不履行「代償請求權」的條文根據是第 225 條第 1 及 2 項：「因不可歸責於債務人之事由，致給付不能者，債務人免給付義務。債務人因前項給付不能之事由，對第三人有損害賠償請求權者，債權人得向債務人請求讓與其損害賠償請求權，或交付其所受領之賠償物」。雖然條文僅針對「不可歸責債務人」，但學說❷絕大部分認為，基於「舉輕明重」，當然也

---

❷ 本題取材自德國聯邦最高法院判決：BGHZ 46, 260。

❷ 林誠二，債法總論新解（下），第 85 頁；邱聰智，新訂民法債編通則（下），第 454

適用於民法第 226 條的「可歸責債務人」，因此本題雖 B 將土地出售讓與給 C，係可歸責債務人致使該設定不動產役權約定給付不能，但仍不排除存在有討論「代償請求權」的空間，自不待言。

2.代償請求權標的

(1)相當因果關係㉕

本題 B 因將土地出售給 C，並取得 600 萬元價金，進而導致對 A 設定不動產役權給付不能，兩者具有相當因果關係，初步可以判定適用代償請求權。

(2)經濟一體性（經濟替代性）

民法第 225 條第 2 項對代償請求權的標的，明文規定限於因債務不履行所生的「賠償請求權」或是「賠償物」。由此可知，「代償請求權」的法律理論建基於：債權人依債之關係本可以向債務人請求債之標的給付，但原標的因故給付不能，然債務人也因標的給付不能而由他處獲得「**替代物**」（或稱「**代位物**」、「**代償物**」），則原本債權人可請求債之標的給付，就改向債務人請求交付「替代物」。這是因為法律上將債務人原先應為的給付和所得的「替代物」，就經濟觀點視為一體之故（即所謂「**經濟一體性**」或是「**經濟替代性**」）㉖，經典的例子就是條文所謂債務人因給付不能之事由，所得的「賠償請求權」或是「賠償物」。在經濟一體性的思維下，「代償請求權」的標的絕不僅限於該兩者，只要在經濟上可被視為是原標的之「替代」者，

頁。不同意見：最高法院 69 年臺上字第 259 號判決；孫森焱，民法債編總論（下），第 531 頁。

㉕ 參閱孫森焱，民法債編總論（下），第 528 頁；陳啟垂，民法債編總論實例研習，第 375 頁。例如債務人將土地出售給第三人，以致給付不能，也造成自己無立身之處。姊姊贈與另一筆土地，以供債務人居住，但該筆受贈土地的取得，和給付不能之間欠缺相當因果關係，故而不成為代償請求權的客體。

㉖ 和原給付不具經濟一體性者，就不是原給付的替代，例如因給付不能所取得的對第三人的懲罰性違約金，即不在代償請求權的範圍，參閱：邱聰智，新訂民法債編通則（下），第 450 頁。

皆是代償請求權的標的，因此債務人因給付不能事由所得的「徵收補償金」❷ 或是「保險金」❷，都可構成代償請求的標的。實務上重要者，亦包括**債權人可以請求債務人須將「一物二賣所得的價金」，償還給債權人**❷。

本案類似於「一物二賣」案例：本題 B 已經以契約約定，要將土地設定不動產役權給 A，B 卻將土地出售給 C，以致給付不能。B 出售土地所得的 600 萬元，明顯地有一部分是因不動產役權的給付不能而取得，因為一個設定有不動產役權的土地，價值自是應低於 600 萬元。

惟所生的問題是：A 得否主張 B 所得 600 萬元中，有一部分是因不動產役權給付不能而取得，因此兩者實具有「經濟一體性」，故可以類推適用民法第 225 條第 2 項的「代償請求權」，請求 B 應償還給 A？德國聯邦最高法院 ❸ 採否定見解，其理由謂：B 出售土地所得的 600 萬元價金具有完整一體性，而無法被拆解為一部分是「完整土地所有權取得」的價金，另一部分是「去除第三人不動產役權」的價金。換言之，按德國聯邦最高法院意見，A 主張 B 不動產役權給付不能，與 B 因而取得 600 萬元價金之一部分，並不存有經濟一體性可言，因該 600 萬元價金根本無法被如此拆解。

結論：A 主張無理由。

---

❷ 參閱最高法院 92 年臺上字第 488 號判決。

❷ 保險金可為代償請求權標的，已為今日民法通說見解：孫森焱，民法債編總論（下），第 528 頁；謝在全，民法物權論（中），第 422 頁，並參閱最高法院 83 年臺上字第 1345 號判決：「按抵押物雖滅失，然有確實之賠償義務人者，依民法第八百八十一條之規定，該抵押權即移存於得受之賠償金之上，而不失其存在，此即所謂抵押權之代物擔保性。又保險金既為賠償金之一種，而民法上述規定所稱之賠償金，並未設有任何限制，無論其係依法律規定取得，或依契約取得，均不失其為賠償金之性質，故保險金解釋上應包括在內」。但不同意見：江朝國，保險法論，第 82 頁。

❷ 史尚寬，債法總論，第 375 頁。

❸ BGHZ 46, 260.

【題後說明】

1. F.O.B.（Free On Board：貨過船舷）為國際貿易上常用的買賣方式，即出賣人僅負有將貨物在特定時間，交送給買受人所指定的特定船舶運送的行為義務，一旦出賣人完成該行為義務給付（貨過船舷），價金危險就改由買受人承擔。換言之，F.O.B. 就是民法第 374 條「寄送買賣」的一種，因此一旦貨船在大海中遭到船難，以致出賣人給付不能，買受人仍必須支付價金。必須強調，此種 F.O.B. 國際貿易型態，出賣人負有對貨物保險及繳交保費的義務（但保費由買受人負擔），因此如果貨船在大海中遭到船難，以致出賣人損失貨物，出賣人可取得保險金（請求權），此時買受人就可根據民法第 225 條第 2 項向出賣人主張代償請求權，請求讓與保險金（請求權），以彌補損失。其他常見的國際貿易型態，尚有所謂 C.I.F.（Cost, Insurance and Freight：成本加保險費加運費）買賣方式，也是民法第 374 條「寄送買賣」的一種，即仍是由出賣人負擔貨物直到貨過船舷的風險，而且出賣人也負有保險義務，但不同於 F.O.B.，必須由出賣人負責租船及訂艙事宜（當然買受人必須告知出賣人目的地港口），並負責運費及保險費支付。

2. 代償請求權的本質是「標的物的經濟上替代」，因此唯有特定之債才有代償請求權的適用，種類之債並無適用餘地。但代償請求權並不須以「給付不能」為必要，例如 A 出賣特定汽車給 B，第三人 C 因過失毀損汽車烤漆，B 除可以繼續向 A 主張汽車給付外，尚可以類推適用民法第 225 條第 2 項的「代償請求權」，請求 A 必須讓與對 C 的侵權行為損害賠償請求權。

例題 5【凋謝的鬱金香】——給付不能的歸責事由

A 是花卉大盤商，向種植鬱金香的花農 B 採購 1 萬朵鬱金香，總值 20 萬元，並先交付 5 萬元價金，其餘價金待屆期清償。B 依約將花卉收割，置於 A 可以受領的狀態。但因今年春節的花價不好，即使 B 花農屢屢催促 A 盡快領取鬱金香，A 都不理睬。

1. B 只得將花卉置放於冷凍櫃。數日後，B 眼見鬱金香即將凍壞，遂急忙以 15 萬元出售給其他大盤商，並通知 A，價金給付已屆清償期，要求將該 15 萬元抵扣 A 所欠價金。A 不同意，並表示因 B 無法給付鬱金香，故要求 B 必須返還 5 萬元。是否有理？
2. B 在久候未果下，可否直接主張解除契約，並將花卉出售給其他大盤商，以免麻煩？

說明

債務人必須就給付不能負責，根據民法第 226 條第 1 項，僅限於可歸責於自己的事由。而當債務人無法給付，乃是出於債權人受領遲延時，應如何認定可歸責事由？遂成為本題所要處理的問題。

擬答

1. A 要求 B 必須返還 5 萬元價金

A 可以向 B 請求返還 5 萬元價金的請求權基礎，可能是民法第 259 條第 1 款、第 256 條、第 226 條第 1 項及第 345 條。本題的花卉買賣雖為種類之債，但出賣人 B 已依約將收割的花卉置於買受人 A 可以受領的狀態，故該買賣契約的給付標的就特定於該批花卉（參照民法第 200 條），因此當 B 將該批花卉出售給第三人，以致無法給付 A，即構成主觀給付不能。但有無符合民法第 226 條第 1 項的「可歸責」於 B 之要件？關鍵在於，當債權

人受領遲延，債務人應如何處置標的物，始符合法律要求，而無可歸責可言？債務人可能的處置方式，討論如下：

(1)提　存

當債權人受領遲延，債務人對標的物所能採取的經典合法處分方式，即屬民法第 326 條的「提存」：「債權人受領遲延，或不能確知孰為債權人而難為給付者，清償人得將其給付物，為債權人提存之」。但因本題的花卉，數量龐大並具易腐性，故並不適宜提存，也非為提存法所得提存之標的，花農 B 未採提存方式，致給付不能，尚難謂可歸責於 B❸。

(2)聲請法院拍賣

若標的物不適合提存，則根據民法第 331 條規定，債務人可以聲請清償地之法院拍賣，而提存價金：「給付物不適於提存，或有毀損滅失之虞，或提存需費過鉅者，清償人得聲請清償地之法院拍賣，而提存其價金」。本題 B 並未採聲請法院拍賣方式，似乎即有可歸責事由，只是本題花卉腐壞在即，明顯並不適合程序繁瑣的法院拍賣，因此仍應認為無可歸責於花農 B。

(3)無因管理

民法第 240 條規定：「債權人遲延者，債務人得請求其賠償提出及保管給付物之必要費用」，因此本題花農 B 在無法提存花卉之情況下，自行保管花卉而冰存於冷凍櫃，據此向債權人 A 請求保管費用償還，自是有理。只是花卉冷凍仍有期限，在花卉即將凍壞前，B 自行處分花卉，致給付不能，可以考慮是否成立民法第 176 條第 1 項的「正當無因管理」，故而 B 的處分於法有據，乃不可歸責於 B？問題在於，本題買受人 A 尚未取得鬱金香所有權，故花農 B 出賣自己的鬱金香花卉，是否是屬 A 的事務？有無為 A 的利益？就不無疑問。但如果本題鬱金香凍壞是因為 A 受領遲延，按照民法第 267 條的法理，自應由 A 承擔經濟上的損失，因此 B 及時適當處分鬱金香，以避免 A 的損失，自不排除可構成屬於 A 的事務範圍，且符合 A

---

❸ 參照提存法第 6 條：「提存物以金錢、有價證券或其他動產為限。提存物不適於提存，或有毀損滅失之虞，或提存需費過鉅者，提存所得不准許其提存」。

的利益及可得推知之意思，因此不排除可以成立正當無因管理❸。故本題 A 不得以可歸責於 B 而致鬱金香給付不能為由，主張解除買賣契約，並請求價金返還。

結論：B 本應將因無因管理所得的價金，根據民法第 173 條第 2 項及第 541 條，交付於 A。但因為 A 尚積欠 B 15 萬元價金，因此 B 可就此主張抵銷（參照民法第 334 條）。

2. B 主張解除買賣契約

當買賣契約的買受人遲遲不受領標的物，雖然出賣人依法可以請求給付遲延的債務不履行損害賠償（參照民法第 367 條：「買受人有給付價金及受領標的物的義務」），但出賣人為避免買受人的無資力風險，往往會在向買受人為解除催告未果下，逕主張解除買賣契約，將標的物另為處分，是否有理？

(1)肯定說❸

對此，最高法院 64 年臺上字第 2367 號判例採肯定見解：「買受人對於出賣人有受領標的物之義務，為民法第三百六十七條所明定，故出賣人已有給付之合法提出而買受人不履行其受領義務時，買受人非但陷於受領遲延，並陷於給付遲延，出賣人非不得依民法第二百五十四條規定據以解除契約」。

(2)否定說❸

上述實務意見，不無疑問。因為債權人受領遲延，債務人並不因此就可以免除自己的給付義務，若認為債務人可以據而主張解除契約，而免除自己

---

❸ 參閱 Köhler, PdW SchR I Fall 21。

❸ 林誠二，債編各論新解（上），第 159 頁；邱聰智，新訂債法各論（上），第 159 頁；劉春堂，民法債編各論（上），第 98 頁。

❸ 史尚寬，債法各論，第 57 頁；楊芳賢，民法債編各論（上），黃立主編，第 144 頁。

的給付義務，不啻等同在債權受領遲延情況下，債務人即可以免除自己的給付義務?

此外，就法律理論而言，給付遲延的法定解除權的存在，乃因基於給付義務的「**對價關係**」所生之故。在給付義務的對價關係下，給付和對待給付之間具有等價交換關係 (do ut des)❸，因此若債務人不履行給付，債權人就可以解除契約，以拒絕自己的對待給付交換;反之，如果兩者給付不具對價關係，而是互不關連的獨立給付義務，則一方債務不履行，並不會影響另一給付義務的履行，即債權人無得因一方的債務不履行，而主張解除契約，以拒絕自己獨立義務的履行。在買賣契約中，出賣人負有移轉並交付標的物所有權的義務，目的在交換買受人的價金給付（參照民法第 345 條的買賣定義），因此兩者義務間具有對價關係，故若買受人的價金給付債務不履行，出賣人可以主張解除買賣契約，自無疑義。而固然民法第 367 條明文規定，受領標的物是買受人的給付義務，但買受人的受領義務和出賣人的移轉並交付標的物所有權義務之間，並不具有對價關係（等價交換關係），因此出賣人也就不得以買受人未履行受領義務，而主張根據民法第 254 條解除買賣契約，以免除自己的標的物所有權移轉義務。

結論：B 不能主張解除買賣契約。

【題後說明】

1.如果本題 A 本人已經向 B 明示，不能出售花卉給第三人，B 能否再主張正當無因管理? 端視 A 動機而定，如果 A 的動機單純僅是要加損害於 B，則當然違反誠實信用原則，不排除 B 仍可以主張正當無因管理。

---

❸ 拉丁文「給」的原形動詞是 dare。第一人稱「我給」則必須變化成 do。第二人稱「你給」則又必須變化成為 des。ut 意為「目的在於……; 意圖是……」。因此 do ut des 可以直譯成:「我之所以給你東西，是因為你也給我東西」。羅馬法以 do ut des 來表達真正雙務契約的給付對價性。

2. 基於契約自由原則，買賣契約雙方當事人當然可將原本不具對價關係的給付義務（從給付義務），提升為具有對價關係（主給付義務），例如出賣人以低價出售標的物給買受人，但契約特別強調，買受人必須於一定期限前取走標的物，即可透過契約的解釋，認為雙方當事人有意將買受人的受領義務，提升成為買受人的主給付義務（「低價出售」是「準時受領」的對價），因此如果買受人無法準時領取標的物而構成給付遲延，此時出賣人也就可以主張解除契約，而拒絕以低價出售標的物。

3. 固然債務人不履行從給付義務（或是附隨保護注意義務），債權人不能據而主張解除契約，但若從給付義務的不履行將危害契約目的時，不排除在合於誠實信用原則觀點下，債權人仍可以主張解除契約，典型的法律明文規定，即屬民法第 438 條第 2 項。此外，例如工廠購買一臺新式機器，但出賣人卻無提供操作說明書，以致工廠無法使用機器，不排除工廠也可以主張解除契約。

例題 6【迷糊的買賣雙方當事人】
——可歸責雙方當事人而致給付不能

　　A 向 B 購買汽車一部，原價 150 萬元，特價 140 萬元，並約定明日由 B 開至 A 住處交車。在隔日 B 將汽車開入 A 的車庫時，因 B 未注意後視鏡，以致於撞上車庫，汽車起火全毀。經查，A 指示 B 倒車入庫時，亦有疏失。

1. 法院認定兩人過失程度相等。問：兩人間如何根據契約關係求償？
2. A 主張自己所投保的責任險保費，因車禍的發生而必須加重（出險❸❻），請求 B 亦須就此部分，按過失比例賠償。有無道理？

說明

　　因可歸責雙方當事人而致契約給付不能，民法並未對此規定法律效果，本題即是針對各種學說，加以討論及練習。

擬答

1. A、B 間相互契約上的主張

　　本題因可歸責雙方當事人而致汽車所有權給付不能，債權人 A 如何向債務人 B 求償，學說意見紛歧：

⑴根據過失程度輕重決定❸❼

民法僅規定可歸責債權人事由（參照民法第 225 條及第 267 條）或是可歸責債務人事由（參照民法第 226 條及第 266 條），以致給付不能的法律效果，因此有認為因可歸責雙方當事人而致給付不能的法律依據及效果，應視當事人的過失輕重決定：如果是債權人的過失較重時，應適用可歸責債

---

❸❻ 「出險」是指發生責任保險所約定事故，被保險人通知保險公司後，保險公司就要代被保險人向第三人為賠償，但之後被保險人也要加重保費支出。

❸❼ BGH VersR 81, 426.

權人的規定及法律效果，並類推適用與有過失原則，以減少債權人可請求的價金數額；但若是債務人過失較重時，就應適用可歸責債務人的規定及法律效果，並適用與有過失原則，減輕債務人損害賠償責任。以本題為例，如果是債權人 A 占 90% 過失，則 B 可以根據民法第 267 條向 A 主張 126 萬元的價金給付（140 萬元×90%）；但如果是債務人 B 過失占 90%，則 B 應依民法第 226 條第 1 項賠償 A 9 萬元（10 萬元履行利益×90%）。

此說固有法律根據，但缺點明顯在於，當契約雙方當事人的過失均等時，應如何適用條文？即不無疑問。雖有認為，應一概以可歸責債務人規定處理❸❽，但為何非是一概以可歸責債權人規定處理？難具說服力。此外，根據此說，當雙方當事人的過失均等時，一蓋適用可歸責債務人規定處理，結論將不利債權人，因為根據民法第 267 條，不排除債務人 B 仍可請求 140 萬元的價金給付，只是因為 B 有 50% 過失，因此在類推適用與有過失思維下，將減少 B 的價金請求數額，B 最終可以對 A 請求 70 萬元的價金。惟該結果並未顧及債權人 A 的履行利益，其原先是以特價 140 萬元購買 150 萬元汽車，卻完全以債務人 B 的立場而為計算，該結果對債權人 A 是否公平，不無疑問。

⑵類推適用不可歸責雙方當事人之規定❸❾

有學說認為，可歸責雙方當事人事由而致給付不能，價值判斷上，類似於「不可歸責於雙方當事人」而致給付不能，因此應類推適用民法第 226 條及第 266 條規定處理。但此說顯不可採，因「可歸責雙方當事人」和「不可歸責雙方當事人」事由不同，故應有不同的價值判斷，而不可相提並論，更不可一概適用「不可歸責雙方當事人」的「無過失風險分配」的價值判斷，否則令「可歸責雙方當事人」的情況，一概類推適用「不可歸責雙方當事人」，一方面出賣人 B 無法請求價金給付，另一方面也必須承受汽車全毀的損失，結果完全不利於出賣人，是否合理注意買受人的可歸責過失

❸❽ 參照邱聰智，新訂民法債編通則（下），第 605 頁。

❸❾ Honsell, JuS, 1979, 81.

責任，不無疑問。

(3)獨立處理雙方各自的過失責任

a. 我國通說❹

今日學說傾向個別處理債務人及債權人的責任，例如最高法院 90 年臺上字第 1230 號判決即明言：「雙務契約因可歸責於雙方當事人之事由，致一方之給付不能者，他方得類推適用民法第二百二十六條第一項規定，請求賠償損害，並有同法第二百十七條第一項過失相抵規定之適用；該給付不能之一方亦得類推適用同法第二百六十七條規定，請求對待給付」。依此，本題買受人 A 原本可以根據民法第 226 條第 1 項向出賣人 B 請求 10 萬元的履行利益損害賠償，卻必須考量 A 自己的 50% 過失，因此 A 只能向 B 請求 5 萬元的履行利益損害賠償。

至於出賣人 B 則仍可以根據民法第 267 條向買受人 A 請求 140 萬元價金給付，但必須強調，通說認為，因為與有過失原則只適用於「損害賠償」，卻無明文可以適用在價金請求上，故通說認為在可歸責雙方當事人而致給付不能情況下，出賣人根據民法第 267 條請求價金給付時，並不須考慮出賣人自己的過失，即可請求全部的價金給付，故本題 B 可向 A 請求全額 140 萬元價金的給付。相互抵銷下，B 仍可以向 A 請求 135 萬元的給付。

b. 擬答意見❹

通說在個別處理債務人及債權人的過失責任時，適當考量彼此應負的責任，堪稱合宜。但通說卻在決定出賣人的價金請求權時，不考量出賣人自己的過失責任，等同將價金給付危險完全加諸於買受人，是否仍符合「因可歸責雙方當事人」的價值判斷，不無疑問。本題擬答以為，固然

---

❹ 邱聰智，新訂民法債編通則（下），第 605 頁；孫森焱，民法債編總論（下），第 824 頁；楊佳元，雙務契約給付不能之效力，第 26 頁；劉春堂，判解民法債編通則，第 260 頁。

❹ 參閱 Larenz, SchR I §25 III; Medicus, SchR I §42 V。

民法第 217 條明文係針對「損害賠償」，始有與有過失原則適用，但卻不應排除也可以將民法第 217 條「類推適用」於價金請求的責任分配上，以符合各當事人皆必須對過失所引起另一當事人不利益負責的思維。換言之，債務人須對債權人的民法第 226 條損害賠償負責，債權人也須對債務人的民法第 267 條價金給付義務負責，而在計算兩者的數額時，都須進一步考量另一方當事人的過失程度，直接適用或是類推適用與有過失原則，彼此減輕責任。

以本題為例，即使給付不能是因雙方當事人的同等過失所引起，但各當事人都必須對另一當事人的不利益負責，因此出賣人 B 可以根據民法第 267 條向買受人 A 請求 140 萬元價金給付，但因 B 自己的 50% 過失下，最終僅能請求 70 萬元價金。另一方面，買受人 A 原也可根據民法第 226 條第 1 項向出賣人 B 請求 10 萬元的履行利益損害賠償，但須考量 A 自己的 50% 過失，因此 A 只能向 B 請求 5 萬元的履行利益損害賠償。在相互抵銷下，B 最終可以向 A 請求 65 萬元的價金給付。

結論：依本題擬答意見，B 可以向 A 請求 65 萬元的價金給付。

2.A 主張 B 應賠償責任保險費支出

本題 A 向 B 根據民法第 226 條第 1 項請求損害賠償，A 主張所遭受的損害包括因責任險出險所必須加重的保費支出，B 亦應依過失比例賠償。但責任險出險僅須以被保險人所屬事由為必要，換言之，不論被保險人自己對於損害事件的發生，應負多少的責任，只要是基於被保險人自己事由而發生保險事故，即使是僅 1% 的過失，亦屬保險事故發生，被保險人理應全部承擔加重的保險費用，而不能主張事故的相對人也應依過失比例分擔。即就法律理論而言，本題 A 因出險所必須加重的保險費支出和 B 的與有過失行為之間，欠缺因果關係（責任履行的因果關係），故 A 也無得向 B 主張須依與有過失比例承擔保險費支出。

結論：A 主張無理。

【題後說明】

1.本題的履行利益損害賠償數額的計算，採「**差額計算**」方法，令許多學生深感不解，因此有必要在此加以說明。如果本題 B 過失占 90%，在「差額計算」方法下，A 可以向 B 請求 9 萬元的履行利益損害賠償「(市價 150 萬元－特價 140 萬元)×90%」。但學生卻堅持繁複的「**互換計算**」方法，答案其實相同：A 本可以向 B 請求 135 萬元的履行利益賠償（150 萬元×90%），但仍須對 B 為 126 萬元的價金給付（140 萬元×90%），相互抵銷下，只能請求 9 萬元履行利益賠償。然學生卻疑惑地認為，A 原應向 B 給付價金 140 萬元，但因 B 有 90% 過失，則 A 也只須給付 14 萬元價金給 B 即可（140 萬元－126 萬元），兩相抵銷，A 應該可以向 B 主張 121 萬元的履行利益賠償才是（135 萬元－14 萬元）❷。但學生忽略：如果 A 可以向 B 請求原物價值 90% 的賠償，則當然 A 也必須給付原本價金的 90% 給 B，而非 10%，才是正確。

2.學生又問，如果本題 A 是以 160 萬元買下市價 150 萬元的汽車，則如何以「差額說」計算 A 的履行利益？我想這時 A 應無履行利益可以主張，而且也不能主張民法第 256 條及第 226 條解除契約❸，否則將影響 B 的價金請求權，而 B 則可以根據民法第 267 條按過失比例請求價金給付。

---

❷ 這個數據明顯錯誤，因為 A 以 140 萬元購買市值 150 萬元之物品，不可能獲利超過 10 萬元以上，故不可能可以向 B 請求 121 萬元的履行利益賠償。

❸ 通說意見，參照：鄭玉波，民法債編總論，第 387 頁。

例題 7【白獅子和白犀牛】——「互換計算」及「差額計算」

高雄壽山動物園的母獅子，剛產下一對稀有的小白獅，有國外動物園願意以每隻 100 萬元購買，高雄動物園難以割愛。臺北木柵動物園園方聞訊後，表示願意以一隻價值 120 萬元的白犀牛交換，有鑑於白犀牛也是珍貴的稀有動物，故獲得高雄動物園首肯。

在臺北動物園將白犀牛運往高雄途中，因過失導致白犀牛死亡。臺北動物園表示，因經費有限，故僅能賠償 20 萬元，也無立場請求交付白獅子。但高雄動物園園方認為，其已經有一隻白獅子了，所以堅持臺北動物園須賠償 120 萬元，並繼續接收白獅子。誰有道理？

說明

由例題 6 的【題後說明】，可知民法第 226 條第 1 項的損害賠償計算，在買賣契約的給付不能，不論是採「互換計算」或是「差額計算」，結果都會相同。但兩者計算方法卻會在「互易契約」給付不能中，出現不同的結果。本題即對此加以練習。

擬答

本題高雄動物園可以向臺北動物園根據民法第 226 條第 1 項請求履行利益損害賠償，自無疑義。有爭議的僅是，應如何賠償？學說向來有兩種計算方法：

1.互換計算

舊日學說❹採此計算方法，放寬真正雙務契約給付義務間的相互連動性，而獨立計算債權人及債務人應個別負擔的給付責任。以本題為例，高雄動物園可以向臺北動物園請求白犀牛給付不能的履行利益賠償,即 120 萬元，

---

❹ Oertman, §325 1 b. 並參閱林誠二，債法總論新解（下），第 321 頁。

但也須繼續給付臺北動物園白獅子，符合高雄動物園的主張。必須強調，即使採此計算方法，若高雄動物園不願給付白獅子給臺北動物園，則不排除可以根據民法第 256 條主張解除契約，請求返還白獅子，並根據民法第 260 條及第 226 條第 1 項，請求 20 萬元的履行利益損害賠償。

2.差額計算

今日通說❹採此計算方法，強調真正雙務契約給付義務間的相互連動性，而在計算民法第 226 條第 1 項的履行利益損害賠償數額時，直接扣除兩個給付義務的價值差額而得出。以本題為例，高雄動物園可以主張 20 萬元的履行利益損害賠償（白犀牛價 120 萬元 – 白獅子價 100 萬元），當然也無須再給付白獅子，如此的賠償方式，非是本題高雄動物園所願，但卻符合臺北動物園的想法。必須強調，如果高雄動物園已經給付白獅子給臺北動物園，在採取「差額計算」下，高雄動物園尚須根據民法第 256 條解除契約，始能請求返還白獅子，並進一步根據民法第 260 條及第 226 條第 1 項，請求 20 萬元的履行利益損害賠償。

結論： 本題擬答採強調真正雙務契約給付義務連動性的「差額計算」，因此臺北動物園主張有道理。

【題後說明】

1.民法第 260 條「解除權之行使，不妨礙損害賠償之請求」，有學說❹認為，既然契約已經解除，就無履行利益可言，因此該條文係指「信賴利益」賠償，而近來的多數學說❹則傾向於「履行利益」賠償。對此爭議，參考民

---

❹ BGHZ 87, 156. 並參閱林誠二，債法總論新解（下），第 321 頁。

❹ 林誠二，債法總論新解（下），第 299 頁。

❹ 史尚寬，債法總論，第 539 頁；劉春堂，民法債編通則㈠，第 395 頁。並參閱最高法院 55 年臺上字第 2727 號判例：「民法第二百六十條規定解除權之行使，不妨礙損

法第 502 條第 2 項規定:「定作人得解除契約,並得請求賠償因不履行而生之損害」,作者亦傾向是履行利益賠償。

2. 由上述例題可知,如果認為民法第 260 條的「解除不妨礙損害賠償」為「履行利益賠償」,則該等條文在「買賣契約」給付不能的損害賠償案例上,其實並無實益而成為贅文(例題 6),而僅在「互易契約」給付不能損害賠償案例中,顯現重要性(例題 7)。

害賠償之請求,並非積極的認有新賠償請求權發生,不過規定因其他已發生之賠償請求權,不因解除權之行使而受妨礙。故因契約消滅所生之損害,並不包括在內,因此該條所規定之損害賠償請求權,係專指因債務不履行之損害賠償而言」。

例題 8【可口便當】——種類之債

　　A 經營便當連鎖店，美味可口，每天都會接獲上百份訂單。某日 B 公司為安排員工旅遊，向 A 的本店訂購 20 份便當，並約定早上 8 點領取，但 B 卻因故未能準時領取，A 遂將已經打包完成並清楚標示給 B 的便當，先提供給其他顧客，並繼續又製作新鮮可口的便當 30 個。但 A 擔心 B 又未能準時提領便當，因此並未特地為 B 打包便當，而是打電話給 B，提醒並催促再領取。誰知因廚房員工不小心（一般過失），引起廚房火災，除燒毀其中 20 個便當外，也無法再製作新便當。

1. 當 B 急急趕來提領便當未果，堅持 A 必須向其他分店借調 10 個便當給付。是否有理？

2. A 由分店借調便當給 B，導致分店便當數量不足提供其他預定的顧客，引起客人 C 的不滿，堅持 A 必須公平分配。A 應如何分配便當？

說明

　　給付不能的債務不履行責任，在種類之債有其特殊性。蓋種類之債的債務人負有在市場上，盡其所能設法籌集契約給付標的物的義務，換言之，只要市場仍存在符合契約內容的標的物，債務人就不能輕言自己無能力給付，即債務人既不能主張客觀給付不能，也須對自己的主觀給付不能，負起無過失賠償責任。但種類之債債務人的設法籌集標的物的義務，也不能窮極無限，而應有所限制，即所謂種類之債的特定：一旦債務人的給付義務被限於特定的標的物，債務人就有主張給付不能的可能性，本題即針對此練習。

擬答

1.向分店借調便當

　　B 可以向 A 主張應向其他分店借調 10 個便當，用以繼續給付的請求權基

礎，可能是民法第 348 條第 1 項。問題是，A 可否主張因廚房燒毀，致無法再製作 10 個便當，構成給付不能❹，故根據民法第 225 條第 1 項免除給付義務。討論如下：

本題 B 向 A 訂購 20 個便當，屬於種類之債，而種類之債因債務人負有設法籌集給付標的物的義務（所謂「**籌集義務**」、「**籌措義務**」），因此只要同種類標的物仍然存在，債務人即負有給付義務，而不能主張給付不能免責。以本題而言，既然 A 在其他分店仍有便當，照理 A 就負有繼續提供 10 個便當給 B 的義務，似乎就無給付不能的情況。但如果有下列情況考量，不排除種類之債也會發生給付不能：

(1)**限定種類之債**

當事人可約定僅就一定範圍內的種類標的物，作為給付範圍，使種類之債債務人設法籌集標的物的義務加以限制，因此如果一旦在該範圍內的種類標的物完全滅失，債務人就不負須另到市場設法籌集同種類標的物的義務，而構成給付不能。典型的案例：例如當事人約定僅須就自己倉庫內的電視機為給付，因此一旦倉庫因大火而致全部電視機滅失，出賣人就不負向其他廠商調貨的義務，而可以主張給付不能，學說稱之為「**限定種類之債**」或是「**庫藏之債**」。

依此，如果本題 A 和 B 所訂立的買賣契約，僅限於本店的便當，即為「限定種類之債」，因此一旦本店燒毀，A 自不負有在本店以外，再向分店借調便當給付的義務，而可以主張給付不能。問題在於，單純只因 B 是在本店向 A 訂購便當，在契約的解釋上，就可以依此認定雙方所約定的是僅限於本店所製作便當的「限定種類之債」？不無疑問，甚而本題擬答以為，因為 A 是便當生產者，而非是一般零售店的代銷便當而已，因此解釋上，應認為身為製作人的 A 自應竭盡製作能力，以完成便當製作及履行買賣契約的給付才是，因此如果沒有特別的明示，只要其他分店尚有便當，A 應負有

❹ 本題因為 B 購買便當是為員工旅遊之用，是一絕對定期契約，因此如果 A 未能及時提供便當，就構成給付不能，而不是給付遲延。

設法籌集的借調義務，而不能以本店廚房大火為由，主張自己已無能力製作便當，而構成給付不能。

(2)特定行為及變更權

為避免種類之債的債務人負過度的設法籌集義務，民法第 200 條第 2 項規定:「前項情形，債務人交付其物之必要行為完結後，或經債權人之同意指定其應交付之物時，其物即為特定給付物」，依此，一旦債務人完成必要行為，種類之債的給付標的物就限於該特定之物，若該特定標的物因不可歸責債務人而滅失，即構成給付不能，債務人就可免除給付義務，換言之，給付危險就改由債權人承擔，學說❹稱之為**種類之債的特定**。

至於應完成何種必要行為，才構成種類之債的特定? 須視種類之債的類型而定，以本題 A、B 約定，B 必須到店領取便當，故為**一往取之債**，因此債務人 A 須將種類之物由種類中分離，並將之置於債權人可以隨時受領的狀態，始為特定❺。依此，本題便當的給付似乎就應已經特定於 A 原先所包裝的 20 個便當，只是 A 卻又將原本已被特定的便當，出售並交付給其他客人，可以認為是對特定行為的撤回，一般以為只要不違反公序良俗，不排除債務人確實可以有效撤回特定行為，是謂債務人的「**變更權**」❺，因此可以認為，債務人 A 並未完成特定的必要行為，故不排除 A 仍負有向分店借調便當的設法籌集義務。

(3)受領遲延

因本題 A 並未完成種類之債的特定行為，故即便本店因火災而無法再製作便當，但只要分店尚有便當，A 就負有給付義務。換言之，種類之債的種

---

❹ 邱聰智，新訂民法債編通則（上），第 314 頁。

❺ 林誠二，債法總論新解（上），第 506 頁。必須強調的是，如果是未定期限之債，債務人尚且必須通知債權人，種類之債始為特定: 參閱陳啓垂，民法債編總論實例研習，第 312 頁。

❺ 參閱林誠二，債法總論新解（上），第 509 頁; 邱聰智，新訂民法債編通則（上），第 319 頁。

類物（便當）滅失危險，理應由種類之債的債務人承擔。惟有疑問的是，本題 B 未能於約定的時間點領取便當，種類標的物的滅失危險，是否也會因而改由債權人 B 承擔？即 A 不再負有借調便當的義務？

a. 肯定說

有學說❷認為，參考民法第 235 條規定：「債務人非依債務本旨實行提出給付者，不生提出之效力。但債權人預示拒絕受領之意思，或給付兼需債權人之行為者，債務人得以準備給付之事情，通知債權人，以代提出」。依此，當債權人無法準時受領標的物（給付兼需債權人之行為者），債務人就可以「**言詞提出**」替代「**現實提出**」，因此當本題債權人 B 無法準時受領便當標的物，則債務人 A 也不須依「現實提出」所要求的，必須將給付物由種類分離，再將之置於債權人可以隨時受領的狀態（特別標示便當是為 B 所準備並打包完成），而僅須將給付準備完成並可以隨時應付債權人 B 的提領，待通知債權人後，就可僅以「言詞提出」，而發生如同「現實提出」的特定效果，例如本題 A 又生產一批便當，並催促 B 領取，受領遲延的債權人 B 即須承受種類標的物滅失的危險，故 A 就可以主張給付不能，而免除再為給付的義務（民法第 225 條第 1 項）❸。

b. 否定說

惟亦有學說❹認為，即使債權人無法準時受領標的物，債務人至少仍須滿足將給付物由種類中分離的行為，種類之債始為特定，單是言詞提出，並無法發生種類之債的特定效果。對此爭議，本題擬答亦採否定說意見，否則以本題為例，究竟燒毀的便當是債務人所特定的 20 個？抑

---

❷ Palandt/Heinrichs, §297 Rdn. 2.

❸ 根據民法第 237 條，債權人受領遲延期間，債務人僅就故意及重大過失負責，因此本題 A 即使必須為受僱人的一般過失負責（民法第 224 條），但卻仍屬不可歸責而致給付不能。

❹ Staudinger/Löwisch, §300 Rdn. 15.

或尚非特定的 20 個？就不無爭議，滋生困擾。固然民法第 235 條規定的「以言詞提出替代現實提出」，確實在簡化當債權人無法準時受領標的物時的債務人提出行為，卻應將之僅限於特定之債，而不應擴大及於種類之債，因實不見何以在欠缺債務人具體的必要特定行為下，為數眾多的種類標的物就會僅因債權人受領遲延，而發生特定效果的理由何在。

結論：雖然 B 受領遲延，但仍可再向 A 主張必須給付 20 個便當。

2.便當不夠分配

承上述，A 仍須給付 20 個便當給 B，但卻發生便當不夠分配給全部債權人的情況，如果 A 將所剩便當給付給其他債權人，B 則無法取得全部的給付，A 就必須承受債務不履行責任。問題是，此一情況可否歸責於債務人 A？

A、B 關係之間，根據民法第 237 條規定，債務人僅需在債權人受領遲延期間負起故意或重大過失責任，依此，本題 A 無須對 B 負因一般過失失火所引起的債務不履行責任。但如果在分配便當的過程中，A 原本可以將便當全部給付給 B，以履行契約義務，但 A 卻未為之，則似乎就不無有故意違約之虞，可能構成不完全給付，而須對 B 負起損害賠償責任。但通說[55]以為，基於全體債權人的平等地位（債權平等性），如果種類之債的數量無法滿足全體債權人時，債務人應依誠實信用原則，按比例公平分配種類物，故本題 A 就可以對 B 主張，必須比例分配所剩便當給全體顧客，而發生無法提供便當給 B 的情況，也就無可歸責可言，故無須對 B 負起損害賠償責任。

結論：A 應依債權比例，公平分配便當。

---

[55] RGZ 84, 125.

【題後說明】

　　民法第 237 條的原文要求「債權人預示拒絕受領之意思，或給付兼需債權人之行為者」，債務人至少必須「言詞提出」（通知債權人給付已經準備完成），債權人始陷入受領遲延。但民法第 237 條是否亦適用於「定有期限的債務」，價值判斷上不無疑問，參照德國民法第 295 條及第 296 條規定，言詞提出（通知債權人）僅限於未定期限債務，透過債務人的「言詞提出」，以俾使債權人明確得知已經處於可受領狀態，而不致發生受領遲延的不利益結果。但在定有期限且給付兼需債權人行為配合者（例如接受標的物交付），自然債務人無須言詞提出（無須通知債權人給付已經準備完成），僅須債務人將給付準備完成，債權人即陷入受領遲延，值得我國立法參考❺❻。

---

❺❻ 相同建議：孫森焱，民法債編總論（下），第 559 頁。

二、給付及受領遲延

例題9【立刻還錢】──受輔助宣告人的遲延催告

A 公務人員退休後，一次領取退休俸，但因年事已高，故法院為輔助宣告裁定，並以妻子 B 為輔助人。

好友 C 因生意資金周轉所需，在未得 B 的同意下，私下向 A 借貸 500 萬元。不久，A 自覺該借貸過於草率，故立即向 C 請求還錢，卻記錯借貸數額，表示「立刻還我 600 萬元」。只是 C 拖過一年仍未還錢。

一年後，因 A 失智嚴重，故被監護宣告，並以 B 為監護人。B 得知借貸一事後，氣憤異常，遂要 C 還款 500 萬元，並附加一年來的法定利息。是否有理？

說明

債務人給付遲延，屬於債務不履行型態之一。藉由本書以下一連串的例題，學習者可以發現，「催告」實是給付遲延在實務上重要的爭議點所在，相關給付遲延問題，皆不斷環繞在「催告」要件上討論。此外，本題也必須注意（準）限制行為能力人所為催告效力的討論。

擬答

因本題受輔助宣告人 A 未得輔助人 B 允許，借貸 500 萬元給 C，而 B 事後亦未承認，故該借貸契約根據民法第 15 條之 2 第 1 項第 2 款而無效，C 必須償還 500 萬元及一年來的法定附加利息，所應檢討的法律根據不是民法第 474 條、第 477 條，而是民法第 179 條的不當得利及民法第 231 條的法定遲延利息損害賠償。C 應返還借貸金錢，自無疑義，惟 C 應否賠償法定遲延利息損害於 A？該請求權的存在之前提，必須是 C 早在一年前就已經陷入給付遲延。因為本題的不當得利請求權，屬於未訂期限的債之關係，因此根據民

法第 229 條第 2 項規定:「給付無確定期限者,債務人於債權人得請求給付時,經其催告而未為給付,自受催告時起,負遲延責任」,故是否 C 早在一年前即陷入給付遲延,端視①**債務是否已經到期**,及②**C 是否受有有效的催告**而定❶。

1. 債務隨時到期

民法第 315 條規定:「清償期,除法律另有規定或契約另有訂定,或得依債之性質或其他情形決定者外,債權人得隨時請求清償,債務人亦得隨時為清償」,因此未定期限的債務,原則上債權人可以隨時請求,即隨時到期。

2. 有效的催告

(1) 過多的催告

問題是,本題 A 所為的催告內容是「600 萬元」,而非真正的借貸金額「500 萬元」,應認為催告全部無效,抑或可認為催告就 500 萬元部分,仍為有效?

a. 最高法院意見

最高法院 96 年臺上字第 171 號判決認為,超出金額的遲延催告,僅就超過部分無效:「(催告) 其應僅表示特定債權,請求債務人給付之意思為已足,無須表明其確定之金額或數量。倘催告之內容與債之標的有關,縱催告之金額或數量,較債務本旨應為之給付為多者,其催告在債務本旨範圍內,亦仍然發生其效力」。

b. 解題意見

對於最高法院意見,本題擬答認為可以分別再討論。根據民法第 318 條第 1 項規定:「債務人無為一部清償之權利」,因此如果債權人為金額過多的催告,且債務人也不確定所欠的正確金額,而有所懷疑時,將使債

---

❶ 本題並無 fur semper in mora (小偷永遠遲延) 法諺的適用。但林誠二教授似乎有不同意見: 參閱債法總論新解 (下),第 150 頁。

務人陷入兩難：應給付催告之數額，以阻卻遲延效果，抑或是給付自己所認定的數額，又須擔心債權人拒絕接受（因無一部清償權利）？該窘境自不應由債務人承擔，而應由造成錯誤的債權人承擔，故宜認為整個催告無效。但一般而言，如果債權人得知催告數額過多，在合理的解釋下，應可以認為債權人並不會堅持債務人必須僅就所催告數額為給付，而同時如果債務人亦明知債權人之催告錯誤，則基於「錯誤的表象不傷真意」的解釋原則，即可以認為，雖然催告數額過多，但仍可就正確的金額為有效❷，因此建議債務人，如果確信債權人催告之數額錯誤，仍宜應向債權人為正確數額的給付，以免陷入給付遲延。

(2)純獲法律上利益

問題是，受輔助宣告人 A 所為的催告，效力如何？固然遲延催告是一準法律行為，而應類推適用民法的意思表示相關規定，故有行為能力的要求。惟受輔助宣告人雖非無行為能力人或是限制行為能力人，但根據民法第 15 條之 2，其所為的法律行為，卻大部分須取得輔助人同意，始生效力，而「遲延催告」卻不在法律所列舉的必須取得輔助人同意的具體項目中，且**催告僅會對債務人帶來給付遲延的效果，故對受輔助宣告人而言，是純獲法律上利益❸**，因此根據民法第 15 條之 2 第 1 項規定，不待輔助人的同意，A 的催告，即生效力。

(3)給付的受領人

本題 A 所為的催告內容「立刻還我錢」，為要求債務人 C 向自己為給付，如此的催告是否有效？如果 A 自始為受監護宣告之人，根據民法第 1112 條規定，監護人對受監護宣告之人有管理財產的權限，因此民法第 309 條所規定的清償受領人，應為監護人，而不是受監護宣告之人，故受監護宣告之人為「向自己為給付」的催告，即有違監護人的受領清償權限，與法不合，且因催告是一單方意思即生效力的準法律行為，參照民法第 78 條規

---

❷ 相同結論：Köhler, PdW SchR I S. 47。

❸ 參閱孫森焱，民法債編總論（下），第 547 頁。

定，自亦無監護人事後承認的可能，故受監護宣告之人所為「向自己還錢」的催告，終究無效。

回歸題意，本題 A 為催告時，僅為受輔助宣告，而民法第 1113 條之 1 第 2 項並無準用民法第 1112 條之規定，換言之，受輔助宣告之人仍保有財產管理權限，並可有效受領清償，故本題 A 所為的「向自己還錢」的催告，終究有效。至此可以確定，債務人 C 確實因為一年前 A 的有效催告而陷入給付遲延。

結論：C 除必須返還 500 萬元借貸外，亦必須賠償一年來的法定遲延利息。必須強調的是，因為 A 今已受監護宣告，故 C 僅能向監護人 B 為清償，始生清償效力。

【題後說明】

1. 如果債務人為低於應給付數額的催告，例如本題只催告應返還 100 元，原則上應認為該部分催告有效❹。但不排除透過契約的解釋，也可以認為雙方當事人皆知情，該數額的催告是因誤解所致，故仍可能整個債務催告為有效。

2. 學說❺有認為，因侵權行為所生的損害賠償義務，不待催告，自應侵權時起，債務人當然負遲延責任，蓋因法諺有云：「**小偷永遠遲延**」（**fur enim semper moram facere videtur** 或簡謂 **fur semper in mora**）。惟羅馬法法諺「小偷永遠遲延」本僅指盜贓物返還而言（fur 拉丁文意為「小偷」），即羅馬法對小偷（惡意無權占有人）的盜贓物返還義務，不待催告，就課以給付遲延的加重責任，使之亦須對不可抗力之因素所造成的損害負責（參照民法第 231 條及民法第 956 條），例如小偷占有期間，標的物雖因天災而滅失，但小偷仍必須負起無法返還的損害賠償責任。至於 fur semper in mora

❹ 孫森焱，民法債編總論（下），第 548 頁。
❺ 林誠二，債法總論新解（下），第 150 頁；鄭玉波，民法債編總論，第 290 頁。

是否可以一概適用於「侵權行為」? 作者以為不無疑問，例如因過失所發生的車禍損害賠償，明顯就不應有所適用，但如果是因故意侵權行為取得被害人財產利益者，例如詐欺或脅迫取得他人財產，當然就不排除有 fur semper in mora 法理適用的餘地❻。fur semper in mora 確實是一個有趣的羅馬法話題，也深深影響今日民法上的遲延催告規定，值得更進一步研究。

---

❻ 但孫森焱教授（民法債編總論，下冊，第 547 頁）則似乎完全否定 fur semper in mora 的適用。

例題 10【承諾盡快到貨的汽車材料商】──不確定期限債務

A 的計程車發出異聲，自行檢修後，發現是化油器損壞，遂向熟識的汽車材料商 B 購買化油器。B 表示該化油器形式頗為特殊，須向車廠訂貨。A 問何時可以到貨？B 表示「就這幾天」，A 一再提醒 B，家中生計都靠這臺計程車，務必要在「這幾天內」到貨，B 也一再承諾「就這幾天」一定會到貨。

三天後，A 仍未接獲 B 的到貨通知，遂只得向不認識的材料商另以高價購買化油器。A 想向 B 求償所多支出的價金。有無可能？

說明

催告為給付遲延在實務上重要問題。而根據民法第 229 條規定，僅未確定期限之債，始有催告必要，但實務上，不乏難以判斷契約究竟有無訂有確定的給付期限。

擬答

1.不確定期限債務

A 可以向 B 請求賠償高價新購化油器費用的請求權基礎，可能是民法第 231 條第 1 項：「債務人遲延者，債權人得請求其賠償因遲延而生之損害」。該請求權存在的前提，為 B 必須陷入給付遲延，至於如何判斷 B 有無給付遲延，根據民法第 229 條：「給付有確定期限者，債務人自期限屆滿時起，負遲延責任。給付無確定期限者，債務人於債權人得請求給付時，經其催告而未為給付，自受催告時起，負遲延責任」，須視 A、B 間的買賣契約有無確定給付期限，及 A 有無對 B 催告而定。

本題 A、B 間買賣化油器，約定 B 應在「就這幾天」給付化油器，就約定的形式內容觀之，確實有約定給付期限，但就約定實質內容觀之，「就這幾天」給付化油器（或是「盡快」、「馬上」），**期限難以實質認定，就等同未**

訂給付期限一般，因此價值判斷上，宜應將之與未訂給付期限的契約，同等對待才是，即待債權人催告後，債務人始會陷入給付遲延，對此最高法院 98 年臺上字第 466 號判決亦有相同見解：「未查給付無確定期限者，債務人於債權人得請求給付時，經其催告而未為給付，自受催告時起，負遲延責任，民法第二百二十九條第二項定有明文。所謂無確定期限，包括未定期限及定有期限而其屆至之時期不確定二種情形，前者稱不定期債務，後者稱不確定期限之債務」[7]。依此，初步似乎應認為本題仍須待 A 催告 B 後，B 仍未為給付，始陷入給付遲延。

2.債務到期

問題在於，如何認定「不確定期限債務」已到期，故債權人可為催告？參照民法第 315 條規定：「清償期，除法律另有規定或契約另有訂定，或得依債之性質或其他情形決定者外，債權人得隨時請求清償，債務人亦得隨時為清償」，亦即應按誠實信用原則，以個案決定。以本題而言，三天應屬一般合理可期待的調貨期限（事實認定問題），特別是 B 明知 A 急需化油器，故而表示「就這幾天」，不宜認定過長的給付期限，因此應可認為債務已經到期，債權人可為給付的請求，故也可以為催告。

3.無須催告的考量

在不確定期限債務到期後，經債權人催告，債務人始陷入給付遲延。而催告的目的，在於警告債務人債務已經屆期，故須提出給付，以免發生債務不履行的不利益。但學說[8]也強調，如果債務人在訂約時，已明知未能準時給付的嚴重性，催告的警告功能就自始存在，則根據誠實信用原則，不排除債權人就無須再對不確定期限債務為催告，一旦債務人無法準時給付，就立即陷入給付遲延。以本題而言，B 自始知道 A 急需化油器，否則 A 將

[7] 參閱陳啓垂，民法債編總論實例研習，第 397 頁。

[8] BGH NJW 63, 1823.

遭受極大的經濟困難，一旦 B 無法適時為給付，若還要求 A 必須催告，明顯不符合契約本意，況且 B 也承諾會在幾天內給付，也清楚知道自己給付義務的嚴重性，因此可以認為催告的警告功能性自始存在，故在期限到期後，縱使 A 未向 B 為遲延催告，B 也應就給付遲延負責。

結論：A 可以向 B 主張多支出的化油器價金之賠償。

例題 11【考古題大全】——給付遲延的歸責及責任加重

> 　　A 為準備國家考試，遂向書局 B 訂購一套考古題大全，B 承諾下星期一會送到。但因訂購的學子人數眾多，所以 B 遺忘了 A 的訂購事宜，遲至星期二仍未將書寄出。
>
> 　　A 打電話向 B 詢問後，始知此事，A 表示如果在明天仍未收到書本，就不買了。B 急忙將書寄出，並在隔天（星期三）郵差將書送達 A 的住處，但 A 卻因有事外出，郵差留下包裹待領通知後，便將書送回郵局。在回郵局途中，卻因為郵差的過失，郵車撞毀，書籍滅失。
>
> 問：A、B 雙方法律關係如何？

說明

　　本題是非常經典的債務人給付遲延例題。練習的內容計有：價金危險負擔、履行輔助人責任、給付遲延責任的加重、給付遲延的終止及受領遲延的效果等等，是學習債總階段的學生，或是準備國家考試的考生，都一定要嘗試練習的例題。而本題擬答由民法第 266 條第 1 項及第 225 條開始討論起，學生提問，為何由此下手？只能說經驗使然。經驗如何獲得？唯有多做實例題而已。

擬答

I. B 向 A 的價金請求

1. 民法第 266 條第 1 項及第 225 條

B 可能可以根據民法第 367 條，向 A 主張考古題大全價金的給付。A、B 間的買賣契約有效成立，自無疑義，問題是，根據題意，B 的民法第 367 條價金請求權，是否有消滅的原因？考慮的可能性是民法第 266 條第 1 項：

「因不可歸責於雙方當事人之事由，致一方之給付全部不能者，他方免為對待給付之義務；如僅一部不能者，應按其比例減少對待給付」及第 225 條。要件檢查如下：

⑴給付不能

本題 A、B 約定購買考古題大全，屬於種類之債，而出賣人負有在種類中，竭盡全力籌集標的物的義務，不可因當中個別種類標的物的滅失，即主張給付不能。但法律也不能課以債務人過重的籌措標的物義務，因此如果債務人根據民法第 200 條第 1 項規定：「前項情形，債務人交付其物之必要行為完結後，或經債權人之同意指定其應交付之物時，其物即為特定給付物」，一旦債務人完成交付標的物的行為，則債務人籌措標的物的給付義務，將會僅限於該特定之物，如果該特定物滅失，債務人就可以主張給付不能。

至於債務人應為如何的行為，標的物才會特定，則須視債務型態而定，以本題而言，雙方所約定的是**赴償債務**，即債務人 B 必須將考古題大全送至債權人 A 的處所，學說❾認為**一旦債務人將給付標的物自種類中分離，並送往債權人住所地，即完成受領狀態，是為完成赴償債務的特定必要行為**，而本題因為 B 確實已經將書寄至 A 處，故該書即為特定，因此若該書事後因故滅失，就構成給付不能。

⑵不可歸責雙方當事人

a. 過失歸責

本題書本的滅失，A、B 兩人本身都無過失，而是因為郵差的過失所導致。因此 B 是否必須根據**民法第 224 條**：「債務人之代理人或使用人，關於債之履行有故意或過失時，債務人應與自己之故意或過失負同一責任」，須負起與郵差同一之責任？所爭議的關鍵在於，郵局的郵差是否是民法第 224 條所謂的「**履行輔助人**」？

aa. 否定說❿

---

❾ 林誠二，債法總論新解（上），第 505 頁。

最高法院 97 年臺上字第 980 號判決認為:「所謂使用人係指為債務人服勞務之人,凡事實上輔助債務人履行債務之人均屬之,不以負有法律上義務為必要,故不限於僱用人與受僱人關係,亦不以在經濟上或社會上有從屬地位者為限。只要債務人於必要時,即得對該第三人之行為,加以監督或指揮者即足。故得選任、監督或指揮第三人,為履行債務而服勞務者,該第三人即屬使用人,其所服之勞務不問為履行債務之協力,或為全部或一部之代行均足當之」,似乎認為構成民法第 224 條的履行輔助人,必須受有債務人指揮監督者為必要。若此,則本題郵局的郵差明顯並不受 B 的指揮監督,故無民法第 224 條的適用。

bb. 肯定說

惟有學說❶認為,上述最高法院意見應是誤解民法第 224 條原理,並將之與民法第 188 條第 1 項混淆。不同於民法第 188 條第 1 項,民法第 224 條為債務人使用第三人「履行債務」時,始有適用,按債務人根據債之關係,本應親自履行債務,但卻使用第三人擴大交易行為範疇,因此自就須對所使用的第三人行為,如同自己親自履行債務般,負起無過失的擔保責任,並非僅是對使用人的行為在指揮監督上有所疏失,負起過失責任而已。在此理解下,**民法第 224 條所謂的履行輔助人(使用人),自不須以受債務人指揮監督為必要**,故不同於民法第 188 條第 1 項。依此,本題 B 使用郵局的郵差代為履行書籍的寄送,就是 B 的履行輔助人,B 必須根據民法第 224 條,負起與郵差同一的過失責任。

---

❶ 林誠二,債法總論新解(下),第 46 頁;邱聰智,新訂民法債編通則(下),第 425 頁;陳啓垂,民法債編總論實例研習,第 369 頁;鄭玉波,民法債編總論,第 273 頁。

❶ 王澤鑑,民法學說與判例研究(六),第 78 頁以下;黃立,民法債編總論,第 425 頁;劉春堂,民法債編通則(一),第 277 頁。

小結： 雖然法律理論之論述上，少數說顯具說服力，但作者在此仍採最高法院見解，而認為 B 對書籍的滅失並無過失，以便後續的解答。

b. 責任加重

aa. 不可抗力事由

本題債務人對於書籍的滅失並無過失，似乎就無可歸責可言。但根據**民法第 231 條第 2 項規定：「前項債務人，在遲延中，對於因不可抗力而生之損害，亦應負責」**，依此，如果本題因郵差之過失以致書籍滅失，只要 B 仍處於給付遲延中，即使 B 本身無過失，亦須對郵差第三人的行為，負起不可抗力責任。

bb. 給付遲延終止

本題債務人 B，因未能於約定的星期一，將書本寄至債權人 A 處所，故陷入給付遲延，自無疑義，然其是否須根據民法第 231 條第 2 項規定負起不可抗力之責任？前提必須是債務人仍繼續處於給付遲延狀態，故而被加重責任。但如果給付遲延已經終止，則債務人就無須再負起不可抗力責任。因此本題的關鍵： B 在星期三已經將書寄至 A 處，是否就足以終止給付遲延？或須直到 A 取得書籍所有權，始能終止遲延？換言之，給付遲延的終止時點是以債務人的給付行為提出為已足（書籍寄至 A 處），抑或必須直到給付結果發生，始能終止遲延狀態（A 取得書籍所有權）？

對此最高法院 58 年臺上字第 715 號判決採前者見解：「債務人之遲延責任，因債務人依債務之本旨提出給付而消滅，惟所謂消滅，乃指以後免遲延責任而言，若以前已生遲延之效果，並非因此當然消滅，故債權人就以前遲延所生之損害，仍得請求賠償」，本題擬答亦同意之，因為即使在正常履約情況，債務人只要完成所有契約的給付行為義務後，債權人即不能以給付結果不發生為由，追究債務人的給付遲延責任，蓋因給付結果的發生與否，實已非債務人所能掌握，故在**債務人**

依約提出給付行為後，就可以終止遲延狀態才是。

小結：B 無須為郵差的行為負責，因此本題確實是屬於不可歸責雙方當事人而致給付不能的案例。

2.價金危險改由買受人承擔

(1)債權人受領遲延

由上述要件檢查初步可得：根據民法第 266 條第 1 項規定，本題買受人 A 似乎無須給付書籍價金，價金危險應由出賣人 B 承擔。但因 B 已將書籍寄至 A 處，而 A 因外出而未受領，是否構成受領遲延，在類推適用民法第 267 條下❷，價金危險應改由買受人 A 承擔？按民法第 234 條規定：「債權人對於已提出之給付，拒絕受領或不能受領者，自提出時起，負遲延責任」，似乎債權人 A 確實有受領遲延情況。

(2)一時受領遲延

而民法第 236 條本文又規定：「給付無確定期限，或債務人於清償期前得為給付者，債權人就一時不能受領之情事，不負遲延責任」，稱之為「一時受領遲延」，債權人無須承受一時受領遲延的法律效果，即「**一時受領遲延，不算遲延**」。只是本題 A、B 已清楚約定給付期限為星期一，屬於「有確定期限的給付」，故似乎並無一時受領遲延的適用，但本題 B 卻遲至星期三才將書寄至 A 處，而非在約定的給付期限內給付，以致 A 無法受領，故本題擬答以為，未在約定期限內給付，等同無確定期限的給付，如因而造成債權人無法受領,解釋上仍應認為亦屬民法第 236 條本文的一時受領遲延，否則豈非將使債權人於超過約定給付期限後，仍必須隨時在家等候債務人的給付！殊不合理。

債務人非在給付期限提出給付，以致債權人無法受領，也是屬於一時受領

---

❷ 參閱孫森焱，民法債編總論（下），第 563 頁；陳啓垂，民法債編總論實例研習，第 408 頁。

遲延。但民法第 236 條但書又規定：「但其提出給付，由於債權人之催告，或債務人已於相當期間前預告債權人者，不在此限」，而本題債務人 B 將書本於星期三寄至債權人 A 處，即是基於債權人 A 的催告所致，且 A 在催告中已明訂給付期限，A 自應於給付期限內為受領的準備，如果 A 因故無法受領，當然就不能再主張是一時受領遲延。

結論：本題因為 A 受領遲延，故價金危險改由 A 承擔，A 仍須給付考古題大全價金給 B。

II. A 對 B 的代償請求權請求

本題 A 在給付價金給 B 後，可以類推適用民法第 225 條第 2 項，請求 B 必須將對郵局（郵差）的侵權行為及不完全給付請求權讓與 A，自不待言。

【題後說明】

近來網路購物盛行，買賣雙方大都約定以郵寄（由買家負擔運費），或是「便利商店取貨」方式履約，因而解釋上可以認定，雙方有意訂立民法第 347 條的「寄送買賣」，故一旦賣家將物品送交郵局或是所指定的便利商店，價金危險就改由買家承擔，因此如果在運送的過程中標的物滅失，或是便利商店因火災致標的物滅失，買家仍應負起價金給付義務。

例題 12【有抵押權存在的房屋買賣】❸
——債務人在給付遲延訴訟上的抗辯

A 向 B 購買房屋一棟，約定 A 必須先繳納價金 200 萬元，即可先行搬入，餘款之後再付清。但 A 入住後，卻遲遲未清償餘款，B 遂委由律師寄發一封催告函，催繳 A 其餘款項 500 萬元，但 A 卻認為，當初所約定的購屋總價是 650 萬元，因而拒絕給付。B 無奈只得向法院起訴，除主張 A 必須給付價金外，尚須支付律師催告函費用 6000 元及自催告時起附加法定遲延利息 5% 之賠償。

1. 法院審理後，認定雙方所約定的價金總額確實為 700 萬元。但此時 A 向法院主張，其所購的房屋有抵押權存在，在未除去前，拒絕給付價金。法院應如何判決？

2. A 主張先前為買賣房屋，曾經交付自己的印章及代理權授與證書給 B，因 B 至今仍未返還，故拒絕給付價金。法院應如何判決？

說明

給付遲延的前提，必須是債務人負有給付義務，因此如果債務人存在有拒絕給付之抗辯事由，會如何影響給付遲延的效果？不無疑問，本例題即對此加以練習。

擬答

1. 同時履行抗辯

(1)A 的價金給付義務

因 A、B 間買賣契約有效成立，因此 B 存在有對 A 的民法第 367 條的餘款 500 萬元價金請求權，自無疑義。然因為 B 所出售的房屋存有抵押權，構

---

❸ 本題取材自最高法院 50 年臺上字第 1550 號判例。

成民法第 349 條的權利無缺瑕疵擔保，因此當 B 向 A 請求價金給付時，A 可以援引民法第 353 條及第 264 條第 1 項的「同時履行抗辯」，而拒絕價金給付，自是有理。但必須注意，法院對於債權人 B 所主張的價金請求權，若認定其確實存有同時履行抗辯時，不應作駁回原告之訴的判決，而是應判決「被告應在原告去除房屋抵押權後，給付原告 500 萬元」，學說❶稱之為「**限制勝訴判決**」。

⑵**律師催告函費用賠償**

至於 B 委託律師發出催告函所支出的 6000 元費用賠償，B 可能可以根據民法第 231 條第 1 項請求：「債務人遲延者，債權人得請求其賠償因遲延而生之損害」。問題是，B 所支出給律師的給付遲延催告函費用 6000 元，是否屬於因 A 價金給付遲延所生的遲延損害範圍？因為本題雙方並未約定確定的價金給付期限，故 B 須根據民法第 229 條第 2 項，在向 A 為催告後，A 才陷入價金給付遲延，在催告前，A 並無須負起給付遲延效果。由此可知，**遲延催告函費用並非是債務人所須負責的遲延損害賠償範圍❶**，故本題 B 也無得請求。

⑶ 5% 的附加法定遲延利息賠償

至於 5% 的附加法定遲延利息賠償，B 可能可以根據民法第 233 條第 1 項請求：「遲延之債務，以支付金錢為標的者，債權人得請求依法定利率計算之遲延利息」，同樣須以 A 已經陷入價金給付遲延為前提。A 自受遲延催告通知後，本應陷入給付遲延，但如果此時 A 立即向 B 主張權利無缺瑕疵擔保的「同時履行抗辯」（訴訟外主張），而拒絕自己的價金給付義務，自可以阻卻給付遲延效果發生，當無疑義。問題是，本題 A 一直拖到在訴訟

---

❶ 鄭玉波，民法債編總論，第 380 頁。並參閱最高法院 29 年上字第 895 號判例：「被告在裁判上援用民法第二百六十四條之抗辯權時，原告如不能證明自己已為給付或已提出給付，法院應為原告提出對待給付時，被告即向原告為給付之判決，不能遽將原告之訴駁回」。

❶ Palandt/Heinrichs, §286 Rdn. 8; Staudinger/Löwisch, §286 Rdn. 24.

中，始向 B 主張「同時履行抗辯」（訴訟中主張），對於 A 的價金給付義務，具有如何的影響？有無可能阻卻價金給付遲延的效果？

a. 見解爭議

有認為，只要債務人存有同時履行抗辯權，則在債權人未為對待給付前，即使債務已屆清償期而未清償，債務人並不負給付遲延責任，惟債務人遲至在訴訟上仍未為主張行使同時履行抗辯權，始生給付遲延的效果，此說被稱之為「**附停止條件說**」❶。但也有認為債務人之給付遲延要件一旦成就，就必須負起遲延責任，唯有在行使同時履行抗辯權後，始生溯及免責效果，此說被稱之為「**附解除條件說**」❶，最高法院 50年臺上字第 1550 號判決即採此說：「債務人享有同時履行抗辯權者，在未行使此抗辯權以前，仍可發生遲延責任之問題，必須行使以後始能免責」。

b. 補充意見

本題擬答以為，同時履行抗辯乃基於真正雙務契約給付義務對價關係的本質所生。換言之，只要一方債務人未為給付前，基於真正雙務契約的對價關係本質，另一方債務人就擁有可以拒絕對待給付的權利，並可以在實體法上產生阻卻給付遲延的效果，債務人於「事後」主張拒絕履行，效力僅為在表達行使同時履行抗辯權的意願而已❶。如果債務人一直都未表達行使同時履行抗辯權的意願，基於私法自治，則訴訟上仍應令債務人必須負起給付遲延的敗訴效果，以尊重當事人意願，但不可誤認：一方債務人未為給付，只要另一方債務人「此時」「不主張拒絕履

---

❶ 戴修瓚，民法債編總論（下），第 277 頁。

❶ 林誠二，債法總論新解（下），第 313 頁；孫森焱，民法債編總論（下），第 549 頁。

❶ 同理，基於保證人對主債務履行的「補充性地位」，保證人的先訴抗辯權（民法第742 條）也是自始就存在於保證契約，而只待保證人主張而已。因此即使保證人事後遲至訴訟上始主張先訴抗辯權，自也就可以自始發生阻卻保證人代為履行主債務給付遲延的效果。參閱孫森焱，民法債編總論（下），第 549 頁。

行」，實體法上就不存在同時履行抗辯權（可以試想：非法律人通常不知道有必要清楚表達行使同時履行抗辯權的意願，故未表達，因此同時履行抗辯權就不存在？），更不宜理解為，一旦債務人於事後主張「拒絕履行」，即溯及使原本給付遲延的法律效果，發生免責結果，故本題擬答較傾向採「附停止條件說」。但不論採何說，本題終究會因 A **在訴訟上主張同時履行抗辯，故而自始無須負起給付遲延責任。**

結論：法院應判決「被告 A 應在原告 B 去除房屋抵押權後，給付原告 B 500 萬元」，但應駁回 B 請求 A 必須賠償委託律師發出催告函的 6000 元費用及 5% 附加法定遲延利息。

2. 類推適用同時履行抗辯

在買賣契約完成後，B 必須返還 A 所交付的印章及代理權授與證書，自屬應當（參照民法第 541 條第 1 項），但 B 卻未返還，A 可否以此為由，而拒絕給付價金及 5% 附加法定遲延利息？

⑴ 價金給付

因為買賣契約的「價金給付」和「返還印章及代理權授與證書」之間，並不具對價關係，故不具給付與對待給付之關係，因此也就無民法第 264 條同時履行抗辯的直接適用。惟最高法院 74 年臺上字第 355 號判決強調，「同時履行抗辯權，原則上固適用於具有對價關係之雙方債務間。然而，雖非具有對價關係之雙務契約而生之債務，其兩債務之對立，在實質上有牽連性者，基於法律公平原則，亦非不許其準用或類推適用關於同時履行之抗辯」，因此本題 A 主張印章、代理權授與證書的返還，因皆是源自於同一買賣契約事由，故不排除 A 可以主張類推適用履行抗辯，在 B 尚未返還前，拒絕自己的價金給付。必須再度強調，法院不應駁回原告 B 的請求，而是應判決：「被告 A 應在原告 B 返還印章及代理權授與證書時，給付原告 B 500 萬元」。

⑵ 5% 附加法定遲延利息

問題是，A 遲至訴訟上始主張類推適用同時履行抗辯，是否也會自始阻卻給付遲延的發生，故無須負起 5% 附加法定遲延利息賠償？因為 B 的返還印章及代理權授與證書和價金給付義務之間，並不具有對價關係，兩者本是不具牽連關係的獨立給付義務，必須直到債務人 A 明確表達行使抗辯權後，才會使得兩者義務成立牽連關係，從此刻起發生阻卻給付遲延的效果。否則可以試想：債權人請求債務人給付價金，但債務人心想「你都不還我印章及代理權授與證書，我懶得理你」，而直接拒絕給付價金，但債權人卻毫無頭緒，為何債務人拒絕給付價金？當然就無法立刻透過返還印章及代理權授與證書，以排除債務人的抗辯，對債權人而言，殊不公平，因此**「類推適用同時履行抗辯」不同於真正的同時履行抗辯，必須直到債務人明確主張時，才會自此刻時起發生阻卻給付遲延的效力**。依此，因為本題 A 是遲至在訴訟中，才主張類推適用同時履行抗辯，故只能在此之後始發生阻卻價金給付遲延效果，而不是自始阻卻已經發生的給付遲延效果。

結論：法院應判決「被告 A 應在原告 B 返還印章及代理權授與證書時，給付原告 B 500 萬元」，並判決 A 應賠償 B 5% 附加法定遲延利息。

例題 13【開學日】──替補賠償㈠

A 因小學開學將至，因此向文具大盤商 B 採購鉛筆 200 打。但因各校都即將在 9 月 1 日正式開學，鉛筆需要量大，故 B 遲遲無法交付鉛筆給 A。A 在 8 月 10 日寫催告函給 B，表示 B 必須「立即」交付鉛筆，否則「自負法律後果」。

1. 結果 B 遲至 8 月 15 日才交付鉛筆，但 A 主張解除契約而拒絕受領。是否有理？

2. 如果 A 已經為有效的解除催告，但 B 卻遲至 8 月 28 日（仍在解除催告的相當期限內）始將鉛筆託交「宅即便」運送，但卻在 9 月 3 日（已超出相當期限）才送到 A 處。A 拒絕受領該批鉛筆，因為 A 已經由其他文具商處購得鉛筆應急。是否有理？

說明

解除催告必須定有相當的給付期限，但何謂相當？此外，根據作者的教學經驗，給付遲延的「替補賠償」對於學習者而言，往往不易理解，例題 13、14 都是經典例題，值得學習者一再練習。

擬答

1. 契約的解除

本題如果 A 可以根據民法第 254 條解除和 B 的買賣契約，A 也就可以主張拒絕接受 B 的鉛筆給付。民法第 254 條要件檢查如下：

⑴ B 給付遲延

本題 A、B 間的鉛筆買賣契約並未約定給付期限，故根據民法第 229 條第 2 項，必須債務到期並經債權人 A 催告後，B 始陷入給付遲延。而根據民法第 315 條規定：「清償期，除法律另有規定或契約另有訂定，或得依債之

性質或其他情形決定者外，債權人得隨時請求清償，債務人亦得隨時為清償」，可見未定期限的債務，原則上債權人可以隨時請求，即隨時到期，並為遲延催告。按題示，A 也確實向 B 為遲延催告，因此 B 自接受催告通知時起陷入給付遲延。

⑵解除催告

一個有效的解除催告，應具備以下要件：

a. 形　式

遲延催告是請求債務人給付的通知，並給以警告；而解除催告則是對債務人表示若未在一定期限內為給付，將要解除契約的通知。兩者概念及內容上完全不同，必須清楚區分。但問題是，債權人是否可以同時為遲延及解除催告？抑或須分別獨立為之？通說[19]採前者見解，本題擬答亦認為如此，蓋只要遲延及解除催告的功能可以達成，實不見非要分別為之。以本題而言，只要 A 所為的催告符合遲延及解除之內容，即使同時為之，形式上尚難謂有違法之處。

b. 給付期限

固然民法第 229 條第 3 項規定，債權人可在遲延催告內附一定的給付期限，但卻不是有效遲延催告的必要要件[20]。相反地，**民法第 254 條的解除催告，條文明定須「定相當給付期限」，卻是有效解除催告的必要要件**[21]，以俾使債務人可得知最後的給付期限，而不致於給付徒勞無

---

[19] 史尚寬，債法總論，第 517 頁；林誠二，債法總論新解（下），第 156 頁，並參照最高法院 70 年臺上字第 350 號判決意見。不同意見：孫森焱，民法債編總論（下），第 762 頁；黃立，民法債編總論，第 506 頁。

[20] 孫森焱，民法債編總論（下），第 761 頁。

[21] 最高法院 31 年上字第 2840 號判例：「債權人非因債務人遲延給付當然取得契約解除權，必定相當期限催告其履行，如於期限內不履行時，始得解除契約，此觀民法第二百五十四條之規定自明。本件上訴人於民國二十九年九月二十三日與被上訴人約定，將其所有坐落某處坐西向東園地一幅出賣於被上訴人，限於同年十月二十三日立契過交，嗣後被上訴人未支付價金，固為原判決所認定之事實，惟上訴人僅催告

益。「相當期限」的長短認定標準及訂定的目的，並非在給予根本尚未開始履行的債務人，有一段準備履行給付之時間，而是給予已經履行開始的行為，再一段等待完成的時間。至於具體的時間認定，則必須視給付的難易程度、先前已經過去的時間長短及債權人對給付標的物需求的緊急性等等加以認定❷❷。而本題 A 在催告中，只言「立即」，法律上具有何效果？不無疑問：

aa. 未定期限

根據最高法院 100 年臺上字第 2199 號判決意見，一個未定期限的解除催告，催告無效。但最高法院卻在 101 年臺上字第 183 號判決中，認為未定期限的解除催告，催告不應因此而無效，而是應以相當期限認定之。對此，本題擬答傾向後者，因為並非所有債權人都知道必須在解除催告中，定相當給付期限；而且何謂「相當期限」？恐怕即使是法律人在個案上，亦無法具體精確明定，因此實不宜要求債權人一定要在解除催告中，訂定給付期限❷❸。

bb. 所定期限過短

基於上述理由，因此如果債權人在解除催告中，所定給付期限過短，就不宜認定，催告因此無效，而是應以相當期限認定❷❹。依此，本題 A 催告所言的「立即」，究竟是所定期限過短？抑或較接近上述的未定期限？其實也就已非所問，終究都應以相當期限加以認定。

c. 內　容

aa. 學說意見

被上訴人履行，並未主張其催告定有相當期限，則被上訴人縱於價金之支付應負遲延責任，而上訴人所為解除契約之意思表示，究不能發生效力」。

❷❷ 參照 Köhler, PdW SchR I Fall 35。

❷❸ 但如果根據債權人真意，債權人堅持無須定給付期限而執意立即解除契約，該解除即為無效。

❷❹ 最高法院 90 年臺上字第 1231 號判決。

孫森焱教授❷❺認為「催告之內容，以表明債務人應為給付之意旨即足，無須敘明不於期限內為給付，即予解除契約」，並舉最高法院 44 年臺上字第 1098 號判例為佐證：「民法第四百四十條第一項僅定出租人應定相當期限，催告承租人支付欠租，無須敘明不於期限內支付欠租，將發生若何效果。上訴人之催告書如其所定期限係屬相當，縱未記載苟不依限支付欠租即行終止契約，亦不能謂其不發生催告之效力」。

bb. 擬答意見

惟作者以為，民法第 440 條第 1 項此種無須特別表明終止內容的催告，或根本無須催告，債權人即可以直接終止契約者，通常出現在信賴關係極強的「持續性契約」，以利債權人可以立即終止信賴關係的持續，例如除民法第 440 條第 1 項外，其他尚有民法第 430 條（無須表明終止內容的催告）、民法第 438 條第 2 項（無須催告）、民法第 489 條（無須催告）、民法第 686 條等等，但不可因持續性契約之催告無須表明終止內容，或是根本無須催告就可以直接終止契約的規定，據而斷言民法第 254 條的「解除催告」，亦無須表明解除內容，或是根本無須解除催告，就可以直接有效解除契約。

本題擬答以為，既然是「解除催告」，催告人當然就必須在催告中有表達要「解除」的意思，才是有效的「解除催告」。且若只須「表明債務人應為給付之意旨即足」，要如何和一般遲延催告相區別？此外，鑑於契約解除效果的嚴重性，因此債權人自也必須在解除催告中，明確表達想要解除的意思，若債權人語意不清，因而在客觀上無法辨別有無要行使解除權之意思，則非是一個有效的解除催告❷❻。本題 A 在催告中，僅言「自負法律後果」，但給付遲延的法律效果眾多，債權人 A 究竟想要行使何種權利，自難以被辨別，依此應認為 A 的催

---

❷❺ 孫森焱，民法債編總論（下），第 761 頁。

❷❻ 參閱 BGH NJW 77, 36, 37。

告雖具遲延催告效力，但卻不具解除催告效力。

結論：A 拒絕接受鉛筆給付無理。

2.替補賠償

A 可以拒絕受領鉛筆的可能根據，考慮如下：

⑴民法第 245 條

本題題示 A 已經做了有效的解除催告，因此只要 B 仍未在催告的相當期限內為給付，A 即可以解除契約，拒絕受領鉛筆。但本題 B 雖在解除催告的相當期限內，將鉛筆交由宅即便寄出，但該批鉛筆卻因故，而直到逾越給付期限後始送達 A 處，A 是否仍然可以主張解除契約，不無疑問。問題關鍵在於：民法第 245 條的「於期限內不履行」，是指給付行為的提出抑或給付結果的發生？對此參照最高法院 58 年臺上字第 715 號判決意見，實應指前者❷❼，故本題 A 就不能依民法第 245 條主張解除契約。

⑵民法第 232 條

A 可能可以拒絕受領 B 鉛筆給付的另一考量，為民法第 232 條：「遲延後之給付，於債權人無利益者，債權人得拒絕其給付，並得請求賠償因不履行而生之損害」，學說❷❽稱之為「替補賠償」。債權人可以拒絕接受債務人給付遲延後所提出的給付，並主張替補賠償之前提：必須是債務人的給付對債權人已無利益。而所謂有無利益，不能單以標的物本身對債權人有無利益為觀察，換言之，本題債務人 B 不能主張，即使鉛筆給付遲延，但 A 在受領之後，仍可以繼續販售，故該給付對 A 仍有利益云云。

債權人能否拒絕遲延後的給付，端視受領標的物的給付仍有無符合契約目的❷❾？至於債務人能否預見契約目的性及遲延的給付對債權人已無利益可

---

❷❼ 詳見例題 11。

❷❽ 黃立，民法債編總論，第 450 頁。

❷❾ 例如已有自用房屋者，在買受其他房屋，如出賣人給付遲延，依通常情形，對買受

言，則在所不問❸。基於如此的觀察，則本題 A 可否主張已由他處購得鉛筆應急，而足以構成替補賠償事由，值得再進一步討論，因為如果只是一般普遍性的文具進貨，即使 A 又從他處進貨應付客人需求，確實並不妨礙 A 仍可以接受 B 的鉛筆給付而繼續販售。換言之，受領 B 的遲延給付，並不違反 A、B 間的一般普遍性文具進貨買賣的契約目的性。但本題 A 向 B 購買鉛筆的契約目的，明顯非是針對一般普遍性的文具採購，而是特別針對即將開學的文具採購潮，故一旦 B 的給付結果時點晚於開學日，A 將會錯過藉此出售牟利的契約目的，因此本題擬答以為實難謂仍符合契約目的。

結論： A 可以拒絕接受 B 的鉛筆給付，並請求整批鉛筆給付不履行的履行利益損害賠償。

【題後說明】

1. 民法第 232 條的「給付已無利益」仍屬於債務人給付遲延中的法律效果範疇，但往往會和「給付不能」相混淆。換言之，債務人遲延後的給付，如果使契約目的不能達成（絕對定期契約），則債權人就可以直接主張債務人給付不能，並根據民法第 266 條免除自己的對待給付，而無須再適用民法第 232 條。例如約定 10 月 5 日前必須搭蓋完成國慶牌樓，承攬人卻無法依約準時完成，即陷入給付遲延，如果直到 10 月 11 日才完成牌樓的搭建，則構成給付不能，而非是適用民法第 232 條。再例如訂購新娘婚禮用捧花，於婚禮結束後才送來，亦是構成給付不能，而非給付遲延的「給付已無利益」❸。

人仍有利益： 參閱陳啟垂，民法債編總論實例研習，第 402 頁。

❸ 參閱 Palandt/Heinrichs, §326 Rdn. 21。

❸ 但學說卻多有認為本例仍適用民法第 232 條的「給付已無利益」，例如邱聰智，新訂民法債編通則（下），第 459 頁；黃立，民法債編總論，第 450 頁。對此，作者則持相當懷疑態度。

2. 民法第 232 條「替補賠償」最重要的適用案例，即是針對時效性標的物，除本例外，尚例如 A 在夏天向 B 訂購泳衣一件，但 A 直到冬天才收到泳衣，亦是履行已無利益可言。再例如 C 在餐廳點菜，雖一再催促（遲延催告），但其中小朋友最愛的「蔥爆牛肉」卻遲遲未上桌，直至用餐完畢，蔥爆牛肉才上桌，兩例雖都未構成給付不能，卻都可以「給付已無利益」為由，主張拒絕受領給付。

3. 出租人未能準時交付租賃物給承租人，常被誤解構成給付遲延，但原則上應構成給付不能（絕對定期契約），例如房客和房東約定租賃從 8 月 1 日至 12 月 31 日止，結果房東遲至 9 月 1 日才交屋，房客應是向房東主張（部分）給付不能，非給付遲延。此外未能準時上班，亦是構成給付不能，而非給付遲延[32]。

4. 有學生質疑，本例題為何不是「相對定期契約」？如是，則 A 無須解除催告，就可以拒絕接受鉛筆的給付（參照民法第 255 條）。是否為相對定期契約，往往須透過契約的解釋，始能得知，而作者認為本題理應尚未構成相對定期契約，因為首先雙方當事人本身未約定一個明確的給付日期（非定期契約），而即使透過契約的解釋，本例題也難得出明確的給付期限，用以認定相對定期契約的最後給付時間點，例如本題債務人應最晚在「8 月 29 日、30 日抑或 31 日」前給付，否則債權人就無訂約的意思？實難認定。且本題也不能解釋成為「絕對定期契約」，因為即使 A、B 間的契約目的是為因應開學的文具需求，但並無非要在開學日前賣光所有鉛筆的目的，因此遲延的鉛筆給付仍難謂「契約目的不能達成」，而只能構成「依契約目的，對債權人已無利益」。

---

[32] 相同意見：孫森焱，民法債編總論（下），第 561 頁。

例題 14【臘肉禮盒】——替補賠償⑵

　　年關將至，因此 A 向好友 B 所開的臘肉店訂購臘肉禮盒，約定本星期日送至家中。但 B 卻因故無法及時完成臘肉醃製，未能準時履約。A 雖氣憤不已，卻也只能等待。之後 A 得知 C 所出售的臘肉禮盒更便宜，故改向 C 訂購，並約定下星期送至家中。

　　幾日後，B 表示臘肉已製作完成，可送至 A 家中，但 A 卻對 B 冷冷地表示「謝謝，我不需要了。我也不會給你錢，自作自受」。B 不顧自己遲延在先，厚顏堅持向 A 請求損害賠償。誰有道理？

說明

　　本例題繼續練習給付遲延的「替補賠償」，學習者必須就遲延後的給付「對債權人已無利益」要件，在法律概念及案例的適用上，充分理解及掌握。

擬答

1.A 拒絕受領臘肉

⑴民法第 254 條

　　A 可以拒絕受領臘肉給付的可能根據，為民法第 254 條解除臘肉買賣契約。要件檢查如下：

a.給付遲延

　　本題 A、B 雙方約定應在星期日給付臘肉，故是一定有給付期限的契約，而 B 卻未在期限內給付，因此不待 A 的遲延催告，B 即陷入給付遲延，自無疑義。

b.解除催告

　　惟根據民法第 254 條，如果 A 要拒絕受領臘肉給付，尚須解除契約。而契約的解除，則有待 A 為解除催告，並於解除催告中定相當給付期

限，若債務人 B 仍未在該期限內為給付，債權人 A 始能解除契約。本題 A 向 B 表示「謝謝，我不需要了」，解釋上可以認定 A 有意解除買賣契約，但 A 卻並未先為解除催告，因此可以確定 A 並不能依民法第 254 條行使解除權。

⑵民法第 232 條

民法第 232 條規定：「遲延後之給付，於債權人無利益者，債權人得拒絕其給付，並得請求賠償因不履行而生之損害」，即所謂的替補賠償。因此本題 A 得否根據民法第 232 條主張拒絕受領 B 的臘肉給付，關鍵在於 B 的遲延給付，對 A 是否已無利益可言？所應討論者如下：

a. 契約目的

民法第 232 條所謂遲延後的給付對債權人無利益，不能單以給付標的物本身對債權人有無利益為觀察，而尚必須輔以契約目的一併觀察才是，因此不能單以「臘肉對 A 仍具有食用利益」為由，而否認 A 的替補賠償主張。本題 A 向 B 購買臘肉，自有春節應景的目的，但問題是，A 已經由他處另購臘肉，若再接受 B 的臘肉給付，似乎就顯多餘，故對 A 也就已無利益可言。

b. 因果關係

債務人遲延後的給付，對債權人已無利益，必須是因給付遲延所導致，債權人始有拒絕受領債務人給付的正當性。換言之，**給付對債權人無利益，必須和債務人的給付遲延具有因果關係**❸❸，而本例題 A 是基於第三人 C 的臘肉禮盒售價較便宜之故而購買之，是否和債務人 B 無法及時準時給付具有因果關係，不無疑問。試想：如果 C 所販售的臘肉禮盒價格並未較便宜，甚或更貴，A 是否仍會購買？依此，本題擬答以為，B 的給付遲延，並非造成對 A 並無利益受領臘肉給付之原因，即兩者間並不具因果關係，因此 A 也就不能根據民法第 232 條拒絕接受 B 的臘肉給付。

---

❸❸ 參閱 Jauernig/Vollkommer, §286 Rdn. 6。

結論：A 拒絕接受 B 的臘肉給付，並無理由。

2.B 請求損害賠償

⑴「給付拒絕」的請求權基礎

由上述可知，因 A 解除契約無理，且臘肉給付亦非是無利益，因此 A 並不能拒絕履行契約義務。但本題 A 向 B 表示「謝謝，我不需要了。我也不會給你錢」，意謂 A 既不想受領買賣標的物，也不想給付價金。換言之，A 執意且明示拒絕履行契約，致使 B 認為自己單方面繼續履行契約義務，已無意義，不排除 B 可以考慮主張解除契約，並請求整個契約不履行的損害賠償（參照民法第 260 條）。只是 B 所能據而主張的請求權基礎，不無爭議，通說❸認為**債務人「明示拒絕履行契約」，若構成給付遲延，則只須依照給付遲延規定即可，如果並未構成給付遲延（例如契約仍未屆期），則應依不完全給付規定處理（參照民法第 227 條）。**

⑵給付遲延——民法第 231 條、第 229 條第 2 項、第 254 條

a.催　告

本題 A 拒絕給付價金，可能因此陷入給付遲延。題示 A、B 並未約定價金給付期限，因此待 B 催告，A 才會有價金給付遲延的可能，但本題 B 卻未曾對 A 為遲延催告，惟本題擬答以為，既然債務人已明示拒絕履行契約，遲延催告即屬多餘，此時應根據誠實信用原則，認為債權人無須催告，債務人即陷入給付遲延❸。

b.過　失

A 對 B 冷冷地表示「自作自受」，為何意？是否具有一定的法律效果？

---

❸ Larenz, SchR I §24 I; Palandt/Heinrichs, §326 Rdn. 20. 對我國的學說爭議整理及分析，請參閱：林誠二，債法總論新解（下），第 164 頁；陳啟垂，民法債編總論實例研習，第 378 頁。

❸ 提醒讀者 fur semper in mora 法諺的適用原理：參閱例題 9。

根據民法第 230 條規定，除債務人於受催告後仍未為給付，尚必須因可歸責債務人事由而致給付遲延，債務人始須負責。德國聯邦最高法院曾確立如下原則：自己違約的當事人，不能向另一當事人主張債務不履行 ❸⑥，依此，本題因 B 遲延給付臘肉在先，縱使 A 依法並無拒絕受領遲延臘肉給付的權利，但 B 似也無得向 A 主張解除契約及損害賠償。本題擬答以為，基於誠實信用原則中的「不能因自己不法，而主張利益 (turpitudinem suam allegans nemo auditor)」，德國聯邦最高法院所確立的原則，雖具理由，但也如學說 ❸⑦ 所強調，一旦債務人提出給付，則遲延狀態即告終止，而既然債權人已明示拒絕履行契約，則債務人只要口頭提出就可以終止遲延狀態，債權人就不能再主張債務人的不法違約行為，終究仍須對拒絕履行契約之行為，負起損害賠償責任。

結論：B 向 A 請求損害賠償有理。

【題後說明】

1. 必須強調，民法第 232 條的「按契約目的，遲延的給付已無利益」，和「給付目的不能達成」，必須加以區別。前者遲延後的給付仍構成給付遲延，後者則構成給付不能。以本題的購買春節臘肉為例，一般而言，其目的固然具有春節食用應景，但也不宜認定春節過後始給付臘肉，就失其目的性，故而構成給付不能，因在正常情況，春節臘肉的製作本就是針對長期保存，故可以在春節過後繼續食用，因此即使本題 B 是在春節過後才給付臘肉給 A，作者以為仍是構成給付遲延，而非給付不能。

2. 總有學生問我，**給付遲延的「替補賠償」（民法第 232 條）和「解除契約」（民法第 254 條），有何不同？**蓋兩者差別在於前者無須為解除催告，就可以拒絕受領債務人給付（但債權人卻也須繼續為自己的對待給付）。因此

---

❸⑥ 建議參閱例題 5。

❸⑦ Eisenhardt, JuS 70, 489. 並參閱上述例題 11。

須特別強調，在適用民法第 232 條時，應對「遲延後的給付已無利益」要件作嚴格的檢視，以避免債權人以簡易的民法第 232 條，直接拒絕受領債務人的遲延後給付，規避民法第 254 條的解除催告要件。

3. 由本題可知，於債務人給付遲延期間，如果債權人看到其他替代物頗為心動時，建議還是要先解除先前的契約，再為新購，否則將會因無法主張民法第 232 條的「拒絕受領給付」效果，徒增困擾。

例題 15【Ideal 家具行】——受領遲延的提出費用

> A 向 Ideal 家具行購買沙發一組，雙方約定 I 應在明天晚上送至 A 家中。隔天晚上 I 準時將家具送至 A 處，但 A 卻臨時有事外出，I 只得將家具送回公司。
>
> 隔天 A 打電話要求 I 再送一次，但 I 堅持 A 必須先給付第一次的運送費用，才要再運送。A 卻動怒，並堅持 I 必須依約再運送。
>
> 問：誰有道理？

說明

債務人未準時給付標的物，構成給付遲延的債務不履行責任，而債權人未準時受領標的物，則是構成受領遲延，兩者是不同法律體系，學習者必須清楚區分。此外，也建議讀者可以練習比較例題 25。

擬答

I 堅持 A 必須先給付第一次運送費用，始再為家具運送的根據，可能是民法第 264 條第 1 項的「同時履行抗辯」，而同時履行抗辯成立的前提，必須契約雙方互負給付義務。要件檢查如下：

1. I 負有再次運送家具給 A 的義務

根據 A、I 之間的買賣契約，I 負有將家具運送至 A 處的義務，即所謂「**赴償之債**」。而本題 I 也確實依約準時將家具送至 A 的處所，但 A 卻因故無法受領，構成民法第 234 條的債權人受領遲延。必須強調，債權人受領遲延並不會發生免除債務人給付義務的效果，也不會將原先的「赴償之債」變更成為「往取之債」。換言之，本題即使 A 受領家具遲延，但 I 仍負有再次運送家具給 A 的義務。

2.A 負有給付 I 第一次家具運送費用的義務

可能的請求權基礎，考慮如下：

⑴民法第 240 條

民法第 240 條規定：「債權人遲延者，債務人得請求其賠償提出及保管給付物之必要費用」。根據該規定，債務人因債權人受領遲延，而必須再為提出給付物，所增生的提出費用，例如本題的運費增生，自可以向債權人請求償還。但法律理論上有疑義的是，本條究竟是指償還債務人第一次徒勞無益的運費支出，抑或是指償還第二次發生給付結果的運費支出？對此通說[38]認同前者，本題擬答亦認同之，因為即使債權人受領遲延，債務人仍負有給付義務，故發生給付結果的第二次運送，本就屬於債務人應為的給付提出義務範圍，因此該第二次運送費用自應由債務人承擔才是，而不宜要求債權人須承擔該費用。依此，本題 I 的主張，根據民法第 240 條，自是有理。

⑵民法第 231 條、第 229 條及第 367 條

值得注意的是，民法債編各論的買賣章節中，第 367 條特別規定「受領買賣標的物」構成買受人的給付義務[39]：「買受人對於出賣人，有交付約定價金及受領標的物之義務」，**一旦買受人未能準時受領標的物，不但①構成債權人受領遲延，②也構成債務人受領給付遲延**，出賣人得以向買受人主張民法第 231 條的遲延損害賠償。

問題是，本題出賣人 I 先支出第一次運送費用，才發生買受人 A（受領）給付遲延，因此出賣人 I 的第一次運送費用支出，是否仍屬於「遲延損害」，就不無疑問。對此，本題擬答以為，遲延損害的因果關係認定，不以損害一定發生於遲延行為之後為必要，凡因債務人給付遲延，所導致債權人支出多餘費用，就和給付遲延具有因果關係，該費用就是遲延損害，債

---

[38] Palandt/Heinrichs, §304 Rdn. 1.

[39] 但陳啓垂教授似乎有不同意見：參閱民法債編總論實例研習，第 407 頁。

務人須加以賠償，例如受害人預定北海道旅遊，卻因車禍受傷而無法成行，加害人當然必須賠償旅遊費用支出❹，而無疑義。據此，本題 A 必須根據民法第 231 條賠償第一次的運費支出給 I，是為有理。

3.對價關係

民法第 264 條第 1 項同時履行抗辯的直接適用，前提須以兩義務間具有對價關係為必要。而本題 I 負有再次運送家具給 A 的義務，和 A 負有給付 I 第一次家具運送費用的義務，兩者間並不具有對價關係，當然非為民法第 264 條第 1 項所謂的給付與對待給付關係，故就無直接適用的可能性。雖然如此，最高法院 74 年臺上字第 355 號判決強調，只要兩者給付義務間，在實質上具有牽連性者，基於法律公平原則，亦可以類推適用同時履行抗辯之規定❹，而本題 I 及 A 的義務皆是源自於同一買賣契約所生，故具牽連性，因此類推適用同時履行抗辯，自是有理。

結論：I 有道理。

---

❹ 參閱例題 38。

❹ 參閱例題 12。

三、不完全給付

例題 16【大學生房客】──不完全給付非財產損害賠償的時效

A 有空房在某大學附近，除自住外，並將之分隔成數間雅房出租給學生。B 為大學獸醫系學生，向 A 承租其中一間雅房。但 B 卻經常邀請同學，深夜在房間高談闊論，製造噪音，屢勸不聽，導致 A 發生失眠現象，而須就診治療。且因 B 遲交一個月的房租，故房東 A 索性張貼公告於 B 的房門上，表明 B 欠租，以為催告，B 無奈只得立即清償。直到五年後，B 畢業時，A、B 相互提告請求賠償。有無可能？

說明

民法第 227 條之 1 的修法，一方面肯定債權人的人格權受侵害時，可以準用侵權行為規定，根據債務不履行規定請求非財產上的損害賠償，值得肯定。但另一方面卻又規定準用侵權行為的時效，實不無疑問。此外，按作者上課經驗，一般解題者較難立即掌握，本題 B 可能可以向 A 主張損害賠償的請求權基礎為何？可見我國社會對保護人格權的認知，仍然薄弱。

擬答

1. A 向 B 主張非財產上的損害賠償（慰撫金賠償）

⑴侵權行為

A 可能的根據是民法第 184 條第 1 項前段及第 195 條的健康法益受侵害，似無問題。但因事已過五年，根據民法第 197 條規定：「因侵權行為所生之損害賠償請求權，自請求權人知有損害及賠償義務人時起，二年間不行使而消滅，自有侵權行為時起，逾十年者亦同」，因此 A 的侵權行為請求權已經罹於時效。

⑵債務不履行

a. 民法第 227 條第 1 項及第 2 項

本題房屋承租人 B，於承租期間，應以合於誠實信用原則之方式，使用所承租的房屋，以避免房東的財產及人身法益受到侵害，否則就須負不完全給付之債務不履行損害賠償責任。而本題 B 經常邀請同學，在深夜高談闊論，屢勸不聽，導致 A 發生失眠現象，侵害 A 的人格健康之固有法益，自屬不當的承租行為，故應對房東 A 負起不完全給付責任。

b. 非財產損害賠償——民法第 227 條之 1

B 的吵鬧行為導致 A 發生失眠現象，A 能否據此而向 B 請求非財產上的損害賠償（慰撫金），須以法律有特別規定者為必要。而人格法益受侵害，修法前僅侵權行為法的民法第 195 條有明文規定，民國 88 年增修民法第 227 條之 1，使得債權人也可以根據債務不履行的請求權基礎，在準用侵權行為規定下，請求非財產損害賠償：「債務人因債務不履行，致債權人之人格權受侵害者，準用第一百九十二條至第一百九十五條及第一百九十七條之規定，負損害賠償責任」。

c. 消滅時效——民法第 227 條之 1 準用民法第 197 條

雖本題 A 可以根據債務不履行規定，在準用侵權行為規定下，向 B 主張人格法益受侵害的非財產損害賠償，但因民法第 227 條之 1 明文規定，亦應準用民法第 197 條的侵權行為時效規定，以致於 A 對 B 的非財產損害賠償請求權，因五年過去而罹於時效❶。對此，最高法院 97 年臺上字第 280 號判決亦有相同的結論：「惟按債權人依民法第二百二十七條不完全給付之規定請求債務人賠償損害，與依同法第二百二十七條之一之規定請求債務人賠償人格權受侵害之損害，係不同之法律關係，其請求權各自獨立，且其消滅時效各有規定，後者之請求權，依民法第二百二十七條之一規定，固應準用民法第一百九十七條二年或十年時效之規定，前者之請求權，則應適用民法第一百二十五條一般請求權

---

❶ 劉春堂，民法債編通則㈠，第 324 頁。

十五年時效之規定」❷。

結論：A 無得對 B 主張非財產損害賠償。

2. B 向 A 主張非財產上的損害賠償（慰撫金）

⑴侵權行為

房東催告房客給付欠租，自屬合法之行為，但要注意房客的人格法益，否則仍會構成侵權行為。以本題為例，房東 A 張貼公告於 B 的房門上，表明 B 欠租，以為催告，追究房東動機，其係以羞辱的方式，達到催討欠租的目的，權衡利益之下，自屬不法侵害他人的人格尊嚴法益，構成侵權行為，B 可以根據民法第 184 條第 1 項前段、後段及第 195 條第 1 項請求非財產損害賠償，惟根據民法第 197 條的時效規定，A 可以拒絕賠償。

⑵債務不履行

房東在向房客催討欠租時，根據誠實信用原則，也須注意不得傷及房客的財產及人身法益，否則須負起不完全給付責任；因此本題 B 可根據民法第 227 條及第 227 條之 1，向 A 請求非財產損害賠償，但也會因為準用民法第 197 條之故而罹於時效。

結論：B 無得對 A 主張非財產損害賠償。

【題後說明】

1.在我國公寓大廈管理實務上，往往會公布欠繳大廈管理費的住戶名單，動機是在希望藉由羞辱住戶，以達催討管理費目的，其實也已不法侵害他人的人格尊嚴法益，不同意的住戶應立即提出異議，否則也可能必須一同負起損害賠償責任（參照民法第 820 條第 4 項）。

---

❷ 惟最高法院似乎認為民法第 227 條和第 227 條之 1 是不同的請求權基礎，似有誤解。作者以為，民法第 227 條之 1 不是請求權基礎，而是損害賠償範圍的規定。

2.在資訊流通的民主社會，公布他人資訊，並不意謂就構成侵害隱私權，例如公布小學模範生姓名，當然並無侵害隱私權可言。有學生問，公布機關單位內部的捐款人姓名及捐款數額，引起其他未捐款人的抗議，因為等同也揭露未捐款的事實，有無侵害隱私權？作者以為，應探求揭露的動機及目的為何？如果是要表彰善心，自無侵權可言，若動機是要使未捐款者窘困，自就不具正當性，而構成侵害他人隱私及尊嚴。

例題 17【顧客的性騷擾】
——保護注意義務的一貫性及法定性㈠

> 　　A 是某餐廳的老顧客，酒過三巡就會講黃色笑話。B 女是餐廳的新進員工，經常必須面對 A 的黃色笑話，B 無法忍受，遂向老闆 C 反映。C 有鑑於 A 是餐廳老顧客，遂要 B 忍受，而未做進一步處理。在事件過後二年，B 終因不堪受辱，而不願再隱忍，遂向法院提起訴訟，請求老闆 C 須賠償非財產損害。法院審理中，發現 B、C 間的僱傭契約竟然無效。問：B 如何向 C 主張？（本題不討論事實上契約關係）

說明

　　因受僱人於工作時遭受性騷擾，已成為正夯話題，故本例題即以此為設計。此外，學生在解本題時，將會碰到一個困難點：B、C 間的僱傭契約無效，是否會影響 B 的求償主張？構成本題的另一重點。

擬答

　　B 可能可以向 C 主張非財產損害賠償（慰撫金）的請求權基礎，考慮如下：

1.性別工作平等法第 28 條及第 13 條第 2 項

⑴適用對象

　　性別工作平等法第 28 條規定：「受僱者或求職者因雇主違反第十三條第二項之義務，受有損害者，雇主應負賠償責任」，同法第 13 條第 2 項規定：「雇主於知悉前條性騷擾之情形時，應採取立即有效之糾正及補救措施」。性騷擾若是發生在老闆或是同事間，時有所聞，但如果是發生在顧客對受僱人，則是否仍有性別工作平等法第 28 條的適用？參照同法第 12 條第 1 項第 1 款，本法性騷擾指「受僱者於執行職務時，任何人以性要求、具有性意味或性別歧視之言詞或行為，對其造成敵意性、脅迫性或冒犯性之工

作環境，致侵犯或干擾其人格尊嚴、人身自由或影響其工作表現」，自應予以肯定。

(2)糾正、補救及懲罰措施

當雇主被告知員工有性騷擾行為，雇主即應視行為人之行為嚴重程度、行為的次數（再犯）及將來性騷擾預防的可能性，在符合比例原則下，採取適當的糾正、補救及懲罰措施，具體而言，可以對做出性騷擾行為的員工處以申誡、調職甚至終止僱傭契約的解僱處分。而且因該員工已然違反僱傭契約義務，故雇主所為的處分自具有合法性，並無違法之虞。

困擾的是，本題性騷擾行為人是顧客，雇主應採取如何的措施，始是適當的救濟？就不無疑問。一般以為，對於顧客性騷擾的具體救濟措施，仍應考慮利益衡量及比例原則，因此若要雇主終止和顧客的交易往來，是否合理，不無疑問，故建議可以將受性騷擾的受僱人改派其他工作，使之不須再接觸該顧客即可。

但此一建議卻變相以受性騷擾的受僱人為懲戒對象，因此本題擬答以為，補救之措施不應以調派受害受僱人的職務為原則性考量，相反地，應可考慮的防止、救濟手段，原則上應是針對顧客本人才是，例如雇主應禁止顧客再進入受僱人的工作領域❸、不允許顧客再有言語或是肢體上的接觸受僱人，或是應拒絕顧客再進入公司建築物等等❹。換言之，應該是雇主必須盡可能地防範顧客有再度接觸受害人的機會，而非要求受害的受僱人必須積極主動迴避顧客，否則等同變相以受僱人為懲罰對象，而不符合對受僱人的一般人格權保護。但本題雇主 C 都未採取應有的措施，致使 B 覺得有受辱感覺，應肯定 B 可以對 C 主張非財產上的損害賠償。

(3)時 效

較有疑問的是性別工作平等法第 30 條對時效的規定：「第二十六條至第二十八條之損害賠償請求權，自請求權人知有損害及賠償義務人時起，二年

---

❸ 例如拒絕旅客再搭乘受害空服員所服務的班機，而改安排搭乘其他班機。

❹ 參閱 ErfKomm/Schlachter, AGG 40 §12 Rdn. 4。

間不行使而消滅。自有性騷擾行為或違反各該規定之行為時起，逾十年者，亦同」。明顯地，立法者將雇主對受僱人的性騷擾保護的法律性質，當成是侵權行為保護規定，故時效亦仿效民法第 197 條❺。依此，則因本題顧客 A 的性騷擾行為已過二年，受僱人 B 始對雇主 C 提起訴訟，自已罹於時效。

2.債務不履行

⑴民法第 227 條

立法者將僱用人對受僱人的性騷擾保護注意義務，歸為侵權行為性質，本題擬答持非常懷疑態度，因侵權行為應指對不特定任何第三人的保護注意義務，而何以必須對任何不相關的第三人所受的性騷擾，負起侵權行為保護注意義務？本題擬答以為，僱用人之所以必須對受僱人於執行職務時所受的性騷擾，負起保護注意義務，其法律性質非是源自於侵權行為，而是源自於僱用人和受僱人之間的僱傭契約之故，即僱用人基於僱傭契約必須盡其所能保護受僱人的身體、健康法益，於執行職務時不受傷害，例如僱用人除必須對受僱人的工作場所安全性極盡注意外，也必須保護受僱人於執行職務時的「尊嚴」及「身體自主性」的一般人格權不受侵害，因此僱用人對受僱人的性騷擾防治義務遂應運而生，因此若雇主對受僱人於執行職務時所受的性騷擾，未有妥善的保護及救濟措施，受僱人請求損害賠償的法律根據，應依債務不履行之不完全給付。

⑵保護注意義務的法定性及一貫性

B 可以向 C 根據債務不履行的不完全給付，請求損害賠償。問題是，本題 B、C 間的僱傭契約無效，是否會損及 B 的求償？對此，德國 Canaris 教授❻認為，**債務人對債權人的保護注意義務是法定注意義務（法定債之關係），而非是契約義務（意定債之關係）**，當然不以雙方當事人合意為必要，

---

❺ 參閱高鳳仙，性騷擾之行為人與僱傭人民事賠償責任之分析（上），萬國法律，第 125 期，第 22 頁。

❻ Canaris, JZ 65, 475.

自也不涉及契約關係是否有效。此一意見，深具說服力，已成為今日廣被接受的見解，因為**債務人對於債權人的財產及人身法益的保護注意義務，始於締約階段（締約上過失）❼，並延續於履行過程及結束之後（不完全給付）❽，具有法律體系上的一貫性，非是以契約有效成立為必要**，是獨立於契約關係以外的法定保護注意義務的債之關係（法定性），為法律保護債權人可以安心信賴債務人，會在債之關係接觸的每個階段（締約、履行及結束後），將對其財產及人身法益極盡保護注意的一種規範（信賴保護），因此即使本題 B、C 間的僱傭契約無效，仍不排除受僱人 B 可以對僱用人 C 主張必須在其執行職務時，極盡保護注意義務，否則即違反法定債之關係義務，而須負起債務不履行責任。

⑶時效——準用民法第 197 條

民法第 227 條之 1 的增修，使得人格權受侵害的債權人，可以根據債務不履行規定，向債務人請求非財產損害賠償。然因同法對時效規定亦準用民法第 197 條，故本題 B 仍無法對 C 主張賠償。

然而民法第 227 條之 1 將債務不履行的人格權受侵害的非財產損害賠償時效，準用侵權行為規定，將混淆兩者請求權基礎的法律性質，本題擬答持強烈懷疑態度。參照本條立法理由書謂：「債權人因債務不履行致其財產權受侵害者，固得依債務不履行之有關規定求償。惟如同時侵害債權人之人格權致其受有非財產上之損害者，依現行規定，僅得依據侵權行為之規定求償。是同一事件所發生之損害竟應分別適用不同之規定解決，理論上尚有未妥，且因侵權行為之要件較之債務不履行規定嚴苛，如故意、過失等要件舉證困難，對債權人之保護亦嫌未周。為免法律割裂適用，並充分保障債權人之權益，爰增訂本條規定，俾求公允」，當中理由「同一事件所發生之損害竟應分別適用不同之規定解決」，具有相當的真實性，即債務人侵害債權人的人格權，除構成債務不履行的不完全給付責任外，通常同時也

---

❼ 參照性別工作平等法第 27 條明示雇主亦必須對求職者防範性騷擾。

❽ 參閱例題 20。

會構成侵權行為責任❾，但不一定如此，以本例題為例，可以清楚得知，人格權受侵害未必就會構成侵權行為，而有可能單純只是債務不履行的事件，故兩者請求權的時效就不能等同視之，民法第 227 條之 1 的時效立法規定，有待商榷。

結論：B 不得對 C 主張非財產損害賠償。

【題後說明】

1. 一般人可能以為性騷擾只會存在於男生對女生的言語及肢體行為上，但按照性騷擾的定義，其實不排除女學生或是女同事穿著過於暴露上課或是上班，而男老師或是男同事，礙於教室或是辦公室的侷促空間，無法採取適當合理的自我防禦措施，例如閃躲，因此在視覺上必須被迫接受觀看對方暴露的穿著，以致產生心理上的不舒服感，此時也可能構成性騷擾。至於穿著暴露逛街，因為路人可以採取合理的自我防禦措施（轉身閃躲或是轉看向旁處），因此尚不會對路人構成性騷擾，只是作者以為，仍不無有違反公序良俗之虞。

2. 學生提問，本題 B 可否根據民法第 184 條第 2 項，主張性別工作平等法相關規定是保護他人之法律，據而求償？作者以為，關鍵在於如果認定雇主的性騷擾防治義務的本質不是侵權行為，而是法定債之關係，則就應回歸債務不履行的本質，依債務不履行規定求償，而不宜以侵權行為求償，故不宜將債之關係所衍生的保護注意義務規定，當成是侵權行為法的「保護他人之法律」，以清楚區辨債務不履行及侵權行為之不同。

3. 債務人違反保護注意義務而侵害債權人的人格權，構成債務不履行責任，卻不構成侵權行為，除本例題僱用人的性騷擾防治義務外，再例如僱用人的霸凌防治義務：僱用人須在受僱人執行職務時，保護其不受僱用人、上級長官或是同事的敵視、刁難、不合作、冷淡對待、拒絕交談，甚至歧視，以及不受精神折磨與傷害。

---

❾ 參閱例題 16。

例題 18【電視購物頻道主持人】
——保護注意義務的一貫性及法定性㈡

A是知名電視購物頻道主持人。某科技公司 B 因要發表新汽車衛星導航產品，遂委請 A 在發表會上擔任主持人，並為達到宣傳效果，還授權 A 可以當場直接接受參觀觀眾的購買。A 憑藉三寸不爛之舌，不斷地在發表會上向觀眾介紹該新型汽車衛星導航內置電池的安全性賣點，並一再表示自己所賣的產品絕對值得信賴，物超所值。觀眾 C 因常看電視購物頻道，一向非常喜歡 A，在興奮之餘，遂當場舉手表示要購買一臺。

C 在購買該汽車衛星導航系統不久後，即因內置電池自燃而毀損。C 想向 A 主張損害賠償，有無可能？

說明

債務人對債權人的財產及人身利益保護注意義務，是一法定債之關係，自不以當事人間須有契約關係存在為必要。只是契約關係以外的當事人，基於如何特殊的緊密關係連結，故而必須相互間負起財產和人身利益保護的法定債之義務，以和侵權行為責任區別，而不致過於浮濫，自有討論的必要。本例題即對此加以練習。

擬答

C 可以向 A 主張汽車衛星導航系統因毀損所生的損害賠償，可能的請求權基礎，考慮如下：

1.契約上的請求

因為 A 並非是買賣契約的當事人，因此 C 也就無得對 A 主張任何契約上的責任，例如民法第 360 條的買賣物之瑕疵擔保責任。

2.法定債之關係（類似契約責任）

法律理論上已經無爭議地認為，債務人對債權人的財產及人身利益保護注意義務，是一種獨立於契約關係以外的「法定債之關係」❿。換言之，當事人間的法定保護注意義務，並不涉及契約有效成立與否，也不要求當事人間必須存在有契約關係，始有法定保護注意義務。基於此，本題遂有必要進一步檢查，雖然 A 不是衛星導航系統的買賣契約當事人，但是否也必須對買受人 C 的財產及人身利益，善盡保護注意義務？如是，一旦 A 有過失而違反保護注意義務，致使買受人 C 遭受財產或是人身上的損害，A 即必須根據法定債之關係，對 C 負起損害賠償責任。契約當事人以外的第三人，例如本題的契約履行輔助人 A，是否必須對契約相對人 C，負起個人自己的法定保護注意義務，必須注意者如下：

⑴信賴關係的建立

並非所有的契約履行輔助人都必須對契約相對人，負起自己個人的保護注意義務責任，唯有當履行輔助人因自己的行為，致使契約當事人信賴履行輔助人會對自己的財產及人身利益，善盡保護注意義務，但該信賴卻未能被實現，以致受有損害時，履行輔助人才必須對契約相對人負起自己的賠償責任。而必須強調的是，在建立履行輔助人對契約相對人所可能產生的信賴關係時，必須加以嚴格認定，而不能過於浮濫，因為一方面，原則上僅有契約當事人才負有對相對人財產及人身利益的保護注意義務；另一方面，過度浮濫認定履行輔助人（非契約當事人）對契約相對人的保護注意義務，將會模糊民法對於債之關係責任及侵權行為責任的區別，特別會發生原本不受侵權行為保護的財產利益，卻可因債之關係加以保護的不當結果。

⑵事務管理人地位

為避免過度浮濫建立第三人自己的保護注意義務，學說❶以為，唯有第三

---

❿ 參閱例題 17。

人具有管理人地位時，才有信賴關係建立的討論餘地。而所謂管理人地位，是指雖非契約當事人，卻為本人利益而參與契約的商議及履行之人，例如本題的契約履行輔助人，或是代理人、成年人的監護人及民法第 15 條之 2 的輔助人等等。而不具管理人地位者，既然對契約的商定或是履行，毫無影響力，當然就無自己的法定保護注意義務可言，例如僅是廣告模特兒或是產品代言人，即使在產品有瑕疵的情況下，買受人也無得對之主張法定保護注意義務的債之關係責任。

⑶因過失而違反相關的諮詢義務

即使是具備管理人地位的第三人，也並不一定必須為契約當事人所遭受的財產上或是人身的不利益，負起自己的法定債之關係責任，例如即使出售有瑕疵產品的店員（履行輔助人），當然不必須為此對買受人負起自己的保護注意義務責任。唯有曾在契約的締結或是履行的過程中，給予相對人不正確資訊者，致使相對人信賴該資訊而遭受損害時，管理人才須對自己所創造的信賴關係，向相對人負起保護注意義務違反的債之關係責任，學說❷稱之為「**無主給付義務的保護注意義務違反**」。

本題的產品發表會主持人 A，一再地宣稱產品的安全性，而買受人 C 更因信賴 A 才購買新產品，若可再進一步認定 A 有過失而不知產品瑕疵時，例如 A 根本未向廠商詢問，產品是否已經通過國家安全檢查，即貿然向契約相對人宣稱產品的安全性並代理出售產品，就必須為自己所製造的信賴關係，負起自己的法定保護注意義務。

結論：C 可以根據民法第 227 條第 1 項向 A 請求損害賠償。

【題後說明】

1.由本例題可知，履行輔助人應負起自己的不完全給付責任。同樣地，履行

---

❶ Larenz, SchR I §24 I a.

❷ Larenz, SchR I §24 I a.

輔助人在合於要件下，也必須負起自己的締約上過失責任，自不待言❸。

2. 依代表說，董事是法人的機關，代表公司為法律行為（參照民法第 27 條第 3 項），因此當公司出售土地給第三人，如果董事因過失未向買受人說明土地的瑕疵，公司必須負起瑕疵擔保責任（參照民法第 349 條及第 350 條），但不排除土地買受人也可以向董事個人主張必須負起自己的法定保護注意義務。由本例可知，因為買受人無得對管理人（董事）主張侵權行為責任，故架構管理人（董事）自己的法定保護注意義務，在實務上自有其實益及必要性。

3. 令作者感到困擾的是消費者保護法第 23 條規定：「刊登或報導廣告之媒體經營者明知或可得而知廣告內容與事實不符者，就消費者因信賴該廣告所受之損害與企業經營者負連帶責任」。該條文等同賦予媒體經營者必須對消費者的財產上的損害，負起賠償責任，但卻無法清楚說明媒體經營者所負的賠償責任的法律性質為何？特別是媒體經營者和消費者，並無契約關係存在，若認為媒體經營者必須對消費者負起「無主給付義務的保護注意義務違反」之責任，然媒體經營者卻欠缺契約管理人地位，亦不無疑問；而若認為消保法第 23 條是侵權行為責任，又明顯違反「**一般財產利益不受侵權行為保護**」的原則。消保法第 23 條的法律性質，值得學界再討論、再釐清。

---

❸ 不同意見：劉春堂，民法債編通則㈠，第 197 頁。

例題 19【護理實習生】──履行輔助人㈠

　　18 歲的 A 尚在護理學校就讀，這學期在 B 醫院實習，而 C 為其實習指導老師。某日 D 因身體不適，到 B 醫院看病，B 要 A 負責抽血檢驗肝炎工作，但有鑑於 A 只是實習學生，因此特別指示 A 使用較易操作的舊儀器，只是 A 卻認為自己能力足夠，且在學校也曾使用過新儀器，因此擅自使用新儀器驗血，卻發生誤驗，導致 D 肝炎病情加重，而必須多支出醫療費用。且 A 在和 D 聊天時，得知 D 為 AIDS 高危險群，因此又擅自做了 AIDS 血液檢查，並證實為陽性。

　　D 要求 B 醫院必須負起損害賠償責任，B 醫院卻認為 A 仍是實習學生，不熟悉新儀器的操作，誠屬可以預見之事，而且 AIDS 檢查也並不在 B 所交付的工作範圍內，故不願負責。誰有道理？

說明

　　民法第 188 條第 1 項的「執行職務」和第 224 條的「債之履行」概念及適用，一直都是重要問題，實務和學說見解不同，學習者應加以練習。此外，學習者也可以就近來頗有爭議的「媽媽嘴咖啡店命案」案例，自行演練。

擬答

　　D 可能可以向 B 請求損害賠償的請求權基礎，考慮如下：

1. 民法第 188 條第 1 項

⑴實習的性質

民法第 188 條第 1 項規定：「受僱人因執行職務，不法侵害他人之權利者，由僱用人與行為人連帶負損害賠償責任。但選任受僱人及監督其職務之執行，已盡相當之注意或縱加以相當之注意而仍不免發生損害者，僱用人不負賠償責任」。據此，民法第 188 條僱用人責任的成立，首要要件即是要對

行為人有指揮監督關係的存在，至於學生到實習機構實習，兩者間的契約關係，端視有無報酬而定。**就本題的護理實習而言，醫院一般並無須給付報酬給實習生，因此應認為兩者成立民法第528條的無償委任契約❹**，而委任人對受任人的事務執行，具有指揮監督關係，本無疑義。但問題在於，除學生和實習機構成立委任契約外，卻又有實習指導老師，究竟誰才對於實習工作有指揮監督權限，而必須負起民法第188條的僱用人責任，不無疑問。有學說❺認為在學生實習的學習範圍內，應由實習指導老師負起指揮監督責任，始符合實習的目的，唯在此之外的其他工作交付，例如交代其他一般行政工作，才應由實習機構負起指揮監督責任。

本題擬答以為，既然實習範圍內的工作，是由實習機構所交付，基於實習機構和實習學生之間的委任契約，實習機構確實對於實習學生在實習工作上，具有指揮監督關係，只是不排除根據契約上的解釋，可以認為實習機構已將委任契約本應有的指揮監督權限，全部委由指導老師承擔負責，並完全脫離指揮監督關係，故本題可以認為醫院B確實無須對實習學生A因實習工作所引起的損害，負起賠償義務❻。

(2)執行職務

但如果認為醫院仍是實習生的指揮監督義務人，則必須進一步檢查其他要件。本題實習生A違反B的工作指示，擅自操作複雜的新型機器，以致D的健康法益受侵害，並且又擅自對D做AIDS血液檢查，侵害D的隱私權，是否皆為條文所謂「執行職務」範圍，因此B必須負起僱用人責任，值得討論。

---

❹ 如果實習場所會支付報酬給實習生者，則應認為雙方成立僱用契約。但也有實習生必須給付金錢給實習機構，以換取實習機會，則應認為雙方成立的是特有的無名契約。

❺ Palandt/Thomas, §831 Rdn. 8.

❻ 但必須強調的是，醫院也僅能將不具危險性、緊急處理性的醫療工作，交付不具備處理能力的實習生執行，否則就必須負起選任疏失的責任。

受僱人違反僱用人的工作指示，是否仍屬「執行職務」? 端視受僱人違反工作指示的行為，是否仍在僱用人所交付的工作任務範圍內。此外德國聯邦最高法院並且認為，必須考量被害人有無將自己法益置於受僱人可操控的危險領域下的偏向，例如公車司機違反規定，趁機搭載太太上班，發生車禍，就應認為太太有將法益置於受僱人可操控的危險領域下的偏向，故不能向僱用人求償❼。依上述標準，則本題 A 違反指示操作新型機器驗血，仍是在 B 所交付的驗血工作範圍內，而且受害人也無意將自己法益置於受僱人 A 可操控的危險領域下的偏向（例如主動要求使用較先進的新機型），故不排除有僱用人責任的適用。至於檢驗 AIDS 部分，則完全不在 B 所交付的工作範圍，自屬利用執行職務的機會，加損害於他人的「機會行為」❽，也就無僱用人責任可言。

(3)不法侵害他人

民法第 188 條第 1 項只言受僱人「不法侵害他人」，並未明文受僱人是否須有過失❾? 該要件在本題特別有意義，因為本題的行為人 A 是一尚未取得護理師執照的未成年實習生。相關對 A 過失行為成立的理由架構，請參閱下述。

(4)免責主張

民法侵權行為的僱用人責任，有免責的規定，因此如果本題 B 可以舉證對 A 的工作執行，已盡到相當的注意，就無須負責。在大企業中，因為人事結構層次複雜，因此往往可以主張「分工式免責」❿，此外醫院 B 也可以主張，對於實習生的護理實習工作執行，已經要求學校必須指派實習指導老師，也對指導老師資格及指導行為，加以注意，故已盡到應有的注意而

---

❼ 參閱 BGH NJW 65, 392。

❽ 參閱例題 20。

❾ 對此，請參閱劉昭辰，債法總論實例研習——法定之債，例題 37。

❿ 參閱劉昭辰，債法總論實例研習——法定之債，例題 34，及黃立，民法債編總論，第 301 頁。

免責。

結論：D 終究不能根據民法第 188 條第 1 項向 B 醫院求償。

2.民法第 227 條及第 224 條

因為大企業往往可以因民法第 188 條第 1 項但書的免責條款，而無須對受僱人的侵權行為負責，故受害人就會改以民法第 227 條的不完全給付，並輔以民法第 224 條的履行輔助人責任，作為適當的求償根據。對民法第 224 條的履行輔助人責任要件，檢查如下：

⑴A 必須是 B 的履行輔助人

本題 D 到 B 醫院求診，而 A 在 B 的同意下，對 D 執行抽、驗血工作，但 A 卻違反指示，擅自操作新機器以致發生傷害結果，對於該行為是否仍屬於 B 醫院對 D 的醫療行為，故可以認為 A 是 B 醫院的醫療行為履行輔助人，已如上述的討論，應予以肯定。至於 A 擅自檢驗 AIDS 的行為，已顯逾越工作範疇，故 B 醫院無須對此負起履行輔助人責任，當無疑義。

⑵履行輔助人的過失

民法第 224 條規定：「債務人之代理人或使用人，關於債之履行有故意或過失時，債務人應與自己之故意或過失負同一責任」，在此之下，債務人必須對於履行輔助人的故意或過失，負起同一責任，且無抗辯免責的可能。問題是，本題 A 是未成年的在學實習生，過失認定標準，應是以已取得醫護資格的專業護理師水準為認定，抑或是以一般在學學生的學識標準為認定？不無疑問。通說[21]以為，債務人本應自己履行債務，故履行輔助人的過失也應以債務人之注意標準認定，始為合理，在本題即應以一個專業、有經驗的護理人員應有的驗血處置注意標準認定，至於履行輔助人有無責任能力，則在所不問。而少數說[22]則以為，既然履行輔助人是行為人，當然過

---

[21] BGHZ 31, 358; Larenz, SchR I §20 VIII.

[22] Jauernig/Vollkommer, §278 Anm. Rdn. 13.

失的認定就應以行為人自己的注意標準及責任能力為考量標準才是，因此必須注意行為人的年紀、專業教育程度等等，加以綜合考量。

對此，本題擬答採少數說意見，因為若按通說意見，將造成根本就沒有實習機構願意提供學生學習機會的結果，而不利整體社會發展。但即使如此，本題因為學校已經教導過新機型驗血機的操作，故未成年之實習生亦必須有正確的操作能力，難謂 A 實習生無過失，因此 B 醫院也必須就其過失負責。但必須強調，實習機構也必須注意到，不能派任過於危險艱難，並已經超越一個實習生能力所能負擔的工作給實習生，也不能派任工作給一個不具責任能力的實習生，否則一旦發生傷害事故，實習機構本身就必須就錯誤的工作派任，負起自己的過失責任（參照民法第 220 條第 1 項）。

結論：D 可以根據民法第 227 條向 B 醫院主張 A 因過失操作儀器所生的損害賠償，但不能主張 A 擅自檢查 AIDS 侵害隱私權的損害賠償。

【題後說明】

承攬人向同業借牌標得工程，並由自己的工人進行工程營造。在營建的過程中，工人施工不慎傷及路人，應由實際施工的借牌人，抑或是由營業牌照的出借人負起民法第 188 條第 1 項的僱用人損害賠償責任？自屬實務上重要問題，參照最高法院 102 年臺上字第 627 號判決本旨（本案涉及究竟應由借牌人或是出借者，對施作勞工負起勞基法責任），結論似乎傾向由出借人負責：「將營業名稱借與他人投標工程使用，其內部固僅係對於未具有信用或營業資格者，借與信用或資格，惟不論其間目的係為達逃避僱用人責任所為之脫法行為，抑或單純為符合投標資格之借用關係，就外觀而言，出借營業名義者仍係與第三人成立承攬法律關係之當事人，本諸對於勞動者及交易安全及之保護，應認出名承攬之名義人與實際從事該承攬工作之工作者，具有選任、服勞務及監督關係，與僱傭無殊」。

最高法院認定在出借人和實際施工的工人間，存在有「選任、服勞務及

監督關係」，不無疑問，蓋承攬契約不具專屬性，因此自可為次承攬，在建築業界本就是平常現象，且承攬人對次承攬人並無指揮監督權限（參照民法第189條），故承攬人也無須對次承攬人的工人所發生的侵害行為，負起民法第188條第1項僱用人賠償責任，而借牌營建，實質內涵等同次承攬，因此作者以為，當然出借人也無須對借牌人的工人負起僱用人賠償責任。

例題 20【油漆工人】──履行輔助人㈡

A 委託 B 裝潢整修房子,而 B 則委由受僱工人 C 負責牆壁的油漆。只是 C 的工作態度並不好,當日非但未準時到 A 處上工,反而先開著公司汽車找朋友聊天,途中因過失撞傷 A。此外 C 在工作時吃檳榔,亂吐檳榔汁,將 A 的地毯弄髒,更要命的是,C 竟然對 A 性騷擾。在工作完成後,C 借用廁所,也將廁所弄髒。A 要 B 負起損害賠償責任,但 B 卻認為自己非常無辜。

說明

由例題 15 可以得知,民法第 224 條的履行輔助人責任規定,往往是被用來補充救濟民法第 188 條僱用人責任的不足,因此本題繼續針對民法第 224 條練習。

擬答

本題 A 可能可以根據民法第 227 條第 1、2 項及民法第 224 條,向 B 主張必須為 C 的行為所造成的損害,負起賠償責任。根據例題事實,關鍵在於 C 的行為是否屬於民法第 224 條 B 對 A 的「債之履行」範圍?首先可以肯定的是,民法第 224 條的「債之履行」行為,非但指契約主給付義務履行的本身,也包括債務人對債權人的保護注意義務的履行,亦即泛指由①締約階段到②契約履行過程,及③持續於契約履行後的所有保護注意義務(例如本題 C 在工作完成後,借用廁所,未能注意保持乾淨,而弄髒廁所)。

本題雖然是要對民法第 224 條「債之履行」範圍為討論,但在民法第 188 條第 1 項的「執行職務」之認定,也發生此問題,因此不排除可以參考實務及學說對於民法第 188 條第 1 項的「執行職務」的觀點,用於討論民法第 224 條的「債之履行」認定:

1.實務意見——客觀說㉓

最高法院 42 年臺上字第 1224 號判例謂:「民法第一百八十八條第一項所謂受僱人因執行職務不法侵害他人之權利,不僅指受僱人因執行其所受命令,或委託之職務自體, 或執行該職務所必要之行為, 而不法侵害他人之權利者而言, 即**受僱人之行為, 在客觀上足認為與其執行職務有關**, 而不法侵害他人之權利者, 就令其為自己利益所為亦應包括在內」, 最高法院 103 年臺上字第 1349 號判決亦強調:「按僱用人藉使用受僱人而擴張其活動範圍,並享受其利益, 且受僱人執行職務之範圍, 或其適法與否, 要非與其交易之第三人所能分辨, 為保護交易之安全, 受僱人之行為在客觀上具備執行職務之外觀, 而侵害第三人之權利時, 僱用人即應負連帶賠償責任。故民法第一百八十八條第一項所謂受僱人因執行職務不法侵害他人之權利, 不僅指受僱人因執行其所受命令, 或委託之職務自體, 或執行該職務所必要之行為而言, 縱濫用職務或利用職務上之機會及與執行職務之時間或處所有密切關係之行為, 即受僱人之行為, 在客觀上足認為與其執行職務有關,而不法侵害他人之權利者, 就令其為自己利益所為, 亦應包括在內」。

根據上述最高法院意見, 履行輔助人所為的行為, 是否為債務人履行債務(執行職務) 的範圍內, 端視其是否「在客觀上足認為與其執行職務有關」, 只要在客觀上可被第三人認為與執行職務有關, 即使是機會行為, 根據最高法院意見, 都可以屬於「履行債務」(執行職務) 的範疇。依此, 則本題 C 上工前先開著公司汽車找朋友聊天, 而肇事撞傷 A, 就不排除仍屬於「履行債務」(執行職務) 行為㉔, 而之後將 A 房子弄髒的行為, 甚至對 A 的「性騷擾」, 都可能可以構成履行債務行為 (執行職務), 而債務人 B 都必須根據民法第 224 條負責。

㉓ 林誠二, 債法總論新解 (上), 第 397 頁。

㉔ 參閱最高法院 96 年臺上字第 2532 號判決。

2.學說意見

(1)內部關連說[25]

上述最高法院意見，不把「履行債務」（執行職務）的概念限制在狹隘的「債務」本身，而擴及於「客觀上足認為與執行職務有關」的行為，值得肯定。但該標準過於不確定，**可能會將所有的「機會行為」都納入「履行債務」（執行職務）之中，明顯過於浮濫**。故又有學說[26]認為，必須是和債務履行之間具備直接的內部關連性，使得僱用人可為預見，事先防範，並計算其可能的損害，而內化於經營成本，予以分散，始構成「履行債務」（執行職務）行為。若與履行債務完全無內部相關連性者，例如機會行為，就不在民法第 224 條的履行債務的範圍內。據此，則本題 C 所有的傷害行為，因都屬於「機會行為」，故 B 都無須負責。

(2)風險提升理論

上述實務意見和學說通說，最終區別在於「機會行為」究竟是否屬於「履行債務」（執行職務）的範疇？另有學說[27]提出「風險提升理論」，認為「機會行為」是否仍在「履行債務」（執行職務）的範疇，應取決於債務履行的本身是否會使機會行為之風險提升？抑或履行輔助人所為的機會行為，僅為一般生活風險？加以判斷。

(3)擬答意見

有鑑於折衷說的「風險提升理論」，較能夠提供一個具體的價值判斷標準，且可以根據不同的工作類型及內容，做個別不同的判斷，因此為本題擬答認同之。依此，則 C 上工前開公司汽車找朋友聊天而肇事，和油漆工作之間，因欠缺直接的內部關連性，就無任何的風險提升關係可言，僅為一般生活風險，B 自無需負責。同樣地，性騷擾和油漆工作之間，亦無任何的直接內

---

[25] 王澤鑑，侵權行為法，2009 年 7 月，第 43 至 72 頁；姚志明，侵權行為法，第 138 頁。

[26] BGH NJW 67, 2257; Jauernig/Vollkommer, §278 Rdn. 12.

[27] Medicus, SchR I §30 III 1 d.

部關連性或是風險提升，故 B 也無須負責。但必須強調，就性騷擾而言，可能因不同的工作內容，就會造成風險提升之差異，例如婦產科醫生對女病患性騷擾，此時就應認為是婦產科醫生在「履行債務」（執行職務）時所造成的侵害行為，因為婦科檢驗工作必須接觸病患性器官部位，故就會當然提升性騷擾的風險，因此醫院必須對此負起責任。再例如病患將所脫下的衣物交由醫護人員保管，醫護人員藉機偷竊❷，自也是典型因保管義務所會發生的風險提升行為（成語：「監守自盜」），醫院也必須對此負責。

較有爭議的是，C 於**工作時亂吐檳榔汁，是否屬於「履行債務」**行為？德國帝國最高法院❷曾在判決中認為工人於工作時抽煙所造成的傷害，不屬於「履行債務」行為，但本題擬答卻傾向學說❸意見而持懷疑態度。因為固然 C 亂吐檳榔汁在地毯上和油漆工作可能造成的典型損害之間（例如油漆滴到地毯），似乎並無「內部直接關連性」可言，但如果臺灣工人在從事勞力工作時愛嚼食檳榔已成為普遍的現象，則本題 C 工作時亂吐檳榔汁，弄髒 A 的地毯，就不應排除，而可認定屬於「典型的工作風險」，僱用人 B 自應預見並承擔此一風險結果，從而必須對 A 負起賠償責任。至於 C 工作完成後，借用廁所，亦將之弄髒，本題擬答亦傾向認為是「典型的工作風險」，B 亦須負責才是❸。

結論： B 必須對 C 弄髒地毯、廁所的行為負責，但無須對 C 的開車肇事及性騷擾行為負責。

---

❷ 參閱林誠二，債法總論新解（上），第 396 頁：證券經紀商公司之營業員，藉由代顧客保管有價證券之機會而盜賣股票，構成執行職務行為，並參閱最高法院 90 年臺上字第 1235 號判決。再例如最高法院 18 年上字第 875 號判例：「郵政局員所為開拆信件抽換內容之侵權行為，郵局應否負賠償責任，既為郵政條例及郵局章程所未規定之事項，當然依普通法則，應負賠償之責」。

❷ RGZ 87, 276.

❸ Köhler, PdW SchR I Fall 68. 並參閱孫森焱，民法債編總論（上），第 304 頁。

❸ 有賣場宣稱以「總統級」規格安裝冷氣機，即是願對工人工作態度盡監督義務，值得肯定。

四、締約上過失

例題21【逛百貨公司吹冷氣】——締約上過失的保護主體

某百貨公司的服裝部門，正在進行重新裝潢。但因工程承攬商的過失，以致天花板裝潢材料掉落，且因百貨公司的保全人員並未做適當的危險警戒措施，故掉落的材料打中正在百貨公司逛街，享受吹冷氣的 A 及其 6 歲的小孩 B，而小偷 C 亦被擊中。三人可否向百貨公司請求損害賠償？

說明

本例題是經典的締約上過失題型，所有締約上過失的學習者，都應從本例題開始學習。

擬答

1.A 向百貨公司求償

⑴工程承攬商的過失

首先要考慮，百貨公司是否須為工程承攬商之過失，致使 A 受傷的施工行為，負起損害賠償責任？應考慮的條文是民法第 188 條第 1 項。而該條文的成立要件要求賠償人和行為人間必須具備指揮監督關係，而明顯地承攬契約欠缺如此的關係，因此百貨公司無須為工程承攬商的過失，對 A 負起賠償責任（參照民法第 189 條）。

⑵保全人員的過失

a.民法第 188 條第 1 項

雖然百貨公司無須對工程承攬商的施工行為負起疏於指揮監督的責任，但仍必須對自己的場地安全，負起對場地使用人的「社會安全保護注意義務」（參照民法第 191 條）❶。而基於實際操作的考量，百貨公司往

往往會將自己的「社會安全保護注意義務」交由受僱人為之，因此將由原應負起的場地安全的「社會安全保護注意義務」，改為對受僱人執行「社會安全保護注意義務」的指揮監督義務，而就民法第 188 條第 1 項負責❷。但因民法第 188 條第 1 項但書規定有免責條款，故大企業，例如本題的百貨公司，往往會主張「分工式免責」抗辯，而免除民法第 188 條第 1 項的賠償責任。

b. 民法第 245 條之 1（締約上過失）

可以進一步考慮，百貨公司是否必須根據締約上過失規定，對 A 負起損害賠償責任。暫且不管民法第 245 條之 1 條文本身的要件過度狹隘，作者按締約上過失原理，整理以下的要件，以供解題者參考：

①**雙方當事人已就契約締結準備，進行直接的接觸**

②**一方當事人違反締約上的注意義務**

③**須有可歸責事由**

④**他方當事人信賴注意義務已被遵守**

⑤**損害形成**

⑥**義務之違反和損害形成之間須有因果關係**

就本題而言，較有疑義的要件是①，因為受害人 A 僅是在逛街吹冷氣，而尚無和百貨公司有洽談買賣購物的直接接觸，故是否符合締約上過失所需具備的「為契約締結準備，進行直接的接觸」要件，不無疑問。對此，本題擬答持肯定態度❸，因為即使僅為吹冷氣而進入百貨公司逛街之人，都隨時可能成為購物的消費者，對於隨時都有可能購物的潛在消費者，締約人都應極盡保護注意義務，故為締約上過失所要保護的對

---

❶ 德文稱之為 "Verkehrspflicht"。

❷ 對此請參閱劉昭辰，債法總論實例研習——法定之債，例題 34【濕滑的公寓大廳——社會相處安全注意義務 (Verkehrspflicht)】。

❸ 參閱 Larenz, SchR I §9 I; BGHZ 66, 54。不同意見：王澤鑑，債法原理，2012 年 3 月出版，第 271 頁。

象。除非進入百貨公司之人,根本就欠缺潛在購物企圖,例如只是臨時借用百貨公司廁所的路人,才不受締約過失的保護。此外,就要件③的檢視,明顯地,百貨公司本身對於場地危險的維護,並無過失,過失是發生在受僱人,但在適用民法第 224 條下,百貨公司必須對其履行輔助人的過失,負起同一責任。

結論:百貨公司必須對 A 負起締約上過失的損害賠償責任。

2. B 向百貨公司求償

(1)民法第 245 條之 1(締約上過失)

6 歲未成年人 B 向百貨公司根據締約上過失求償,問題在於要件①,因為 6 歲未成年人 B 不具有議約能力,就遑論會存在有對契約締結準備進行接觸可言,而非是潛在的消費者。

(2)契約的第三人保護效力❹

基於對契約關係以外第三人的利益保護,學說遂發展出所謂「契約的第三人保護效力」。根據該學說,**契約上的保護注意義務,不僅針對契約當事人,也擴及契約關係以外的第三人**,而該「契約的第三人保護效力」不限於契約有效成立時,也適用於法定債之關係所生的保護注意義務,例如本題的締約上過失責任。換言之,締約上過失所保護者,不限於「為契約締結準備而直接進行接觸」的當事人,也包括在此之外的第三人,然為避免「契約的第三人保護效力」過於浮濫,學說要求此處的第三人必須是由準備締約者所帶入締約空間,而且該人的財產或是人身利益保護,能被另一方當事人所確知者。在此概念下,本題 A 的小孩 B,為典型「契約的第三人保護效力」在締約上過失關係所欲擴張保護的對象,而無疑義。

結論:B 可以根據締約上過失向百貨公司求償。

---

❹ 參閱例題 27、28。

3. C 向百貨公司求償

C 明顯不受締約上過失所保護，除了因 C 根本欠缺和百貨公司有契約商議的接觸外（非潛在消費者），C 進入百貨公司動機是為不法目的，當然非在百貨公司所允許進入的範圍內，因此也不能向百貨公司主張自己的人身利益受保護，即百貨公司對於小偷並不負有人身利益的保護注意義務。

結論：C 不能向百貨公司請求損害賠償。

【題後說明】

某計程車司機不顧校園告示，將計程車停放於校園。隔天學校工友在整理樹木時，樹枝意外掉落砸壞計程車，學校不須負起損害賠償責任，因為計程車司機自始就未得學校允許進入校園，因此也就不能向學校主張必須負起社會安全注意義務，即學校對於擅自停放的計程車，並不負起財產利益的保護注意義務，自無所謂「過失」侵權行為可言。

例題22【綠能源產業】——締約意向書在締約上過失的效力

　　在節約能源及愛護地球的環保概念下，行政院希望可以在臺灣南部的農地休耕，改推廣「種電」。在行政院院會通過「綠能源推廣條例」之後，政府官員即積極和農民洽談「種電」事宜，並和農民簽訂「締約意向書」，表明綠能源是今日社會共識，政府鼓勵農民改「種電」，也願意以保證價格購電。

　　其中A農民為響應「種電」，投入許多成本購買機器設備。但事與願違，行政院卻因國際石油價格持續走跌，而改變能源政策，不再推廣綠能，故不願向A農民購電，致使A農民遭受損失。A可以如何主張？

說明

　　當事人雙方僅簽訂所謂的「締約意向書」，即使契約未因此有效成立，卻已具備某種法律拘束力。本例題練習「締約意向書」的法律地位及效力。

擬答

　　A可能可以向政府主張損害賠償。考慮如下：

1.締約義務違反

　　雖然本題政府已經和農民A簽訂締約意向書，但締約意向書本身並無強制將來締約的效力（無拘束力），因此政府最終並未向農民A購電，似乎也無違約的債務不履行損害賠償責任可言。

2.民法第245條之1

　　政府和A農民簽訂「締約意向書」，鼓勵農民改「種電」，也表明願意以保證價格購電，但最終並未實現，只能考慮民法第245條之1的締約上過失責任。必須討論的要件是：政府最終並未向A農民購電，有無違反對A農民的保護注意義務？

⑴締約意向書效力

在締約過程中，一方當事人必須對另一當事人的財產及人身利益，善盡保護注意義務，一方若有過失違反，須對他方所造成的損害，負起賠償責任，是為締約上過失責任。但具體的締約上保護注意義務，則須視個案，衡諸誠實信用原則，加以認定（參照民法第 245 條之 1 第 1 項第 3 款）。本題政府已經和農民 A 簽訂締約意向書，表明綠能源是今日社會共識，政府鼓勵農民改「種電」，將來也願意以保證價格購電。基於如此意向書的簽訂已經給予當事人**「在正常情況下，將來一定會簽訂正式契約」的印象及信賴，**故而當事人投入相當的費用支出，則在欠缺堅強的合理理由下，一方當事人將來若拒絕訂約，即有違誠實信用原則，而必須對他方當事人所支出的費用損失，負起**締約上過失的賠償責任❺**。以本題而言，政府之拒絕向 A 農民購電，是因為能源政策改變，本題擬答以為實難謂具備堅強的合理理由，因為政府政策應具有前瞻性、一貫性及持續性，而不宜動輒更改政策，即使要改變政策，也應先收拾先前政策所產生的後果才是。

⑵損害賠償範圍

就法律理論而言，締約上過失的損害賠償範圍，無異於其他債務不履行效果，仍應依民法損害賠償規定加以認定。根據民法第 213 條第 1 項的差額計算精神，債務人應賠償債權人回復到如同傷害事件未發生前的狀態。以本題為例，政府應賠償農民 A 回復到並未違反締約上過失的保護注意義務的狀態。必須強調，不可輕易逕自推論出：如果政府注意到保護 A 農民的利益，則購電契約就會正式成立，因此 A 農民就會取得契約的履行利益，故政府必須就此為賠償。因為如此的推論不啻是將「締約意向書」賦予將來一定訂約的效力，不符合意向書的本質，且也忽略**締約自由原則**，因此

---

❺ 參閱 BGH ZIP 88, 88, 90。吾人可以想像，因為簽訂締約意向書，因此公司將營業秘密及財報資料，提供給有意併購的另一公司閱覽，除非具備合理堅強的理由，例如根據公司財報根本無法獲利，否則當事人不能輕易以「契約自由」為由，拒絕日後的締約，以避免對另一當事人造成不利益。

正確的賠償範圍應就 A 農民因信賴「締約意向書」所支出的費用為賠償。換言之，應是就 A 農民的信賴利益為賠償。

結論：A 農民可向政府主張信賴利益的賠償。

【題後說明】

1. 「締約意向書」不同於「預約」，不具備將來一定必須訂約的拘束力。至於當事人所簽訂的究竟是「締約意向書」或是「預約」？往往必須透過意思表示的解釋，始能得知。

2. 實務上曾發生，A 和 B 簽訂公司併購意向書，局外人 C 透過私下管道得知此事，搶先大規模購買 A、B 公司的股票而獲利，被法院認定內線交易，造成轟動一時的重大司法及財經新聞。C 辯稱，締約意向書不同於已經正式訂立契約，且不具拘束力，因此不能當成認定內線交易的時點。作者以為，固然締約意向書不是正式簽訂契約，不具拘束力，但如同本例題所言，卻會給當事人「在正常情況下，將來一定會簽訂正式契約」的信賴印象，故具備一定的民事法律效果。至於該一定的民事法律效果，是否足以當成認定內線交易的時點，則有待刑法及公司法學者加以討論。

3. 此外，絕對不能輕言，締約上過失僅適用於契約不成立，因此損害賠償範圍僅限於信賴利益賠償。舉例言之：A 為招攬顧客，刊登廣告宣稱，明日第一位進商店者，願以一百萬元出售店內所展示特定名車。B 花一百元之計程車費，依廣告搶先第一位進商店，要求訂約，A 之受僱人 C 遂詐稱該車原本市值就是一百萬元，B 因而表達放棄訂約機會。A 遂將車售於他人。B 事後得知該車實值一百二十萬元，要求 A 損害賠償，根據民法回復原狀的損害賠償原則，本例 A 必須賠償 B 履行利益 20 萬元，自無疑義。但民法第 245 條之 1 原文規定：「契約未成立時，當事人為準備或商議訂立契約而有左列情形之一者，對於非因過失而信契約能成立致受損害之他方當事人，負賠償責任」，卻是將締約上過失的損害賠償限於信賴利益，不符合法律理論，亟待修正。

例題 23【玩具贈與】──締約上過失的責任標準

A 母因家中小孩已經長大，卻留有許多不適用的玩具，遂有意贈與給鄰居小孩 B。在父母的鼓勵下，B 到 A 家中挑選喜愛的玩具。

1. B 在挑選玩具過程中，因試騎壞掉的腳踏車而受傷。
2. B 因為踩到隨意置放在地上的芭比娃娃而摔傷。

經查，A 對於不察該腳踏車瑕疵及隨地置放芭比娃娃，有重大過失。

問：B 得否向 A 請求損害賠償？

說明

締約上過失雖然是獨立於契約關係之外的法定債之關係，卻不排除應類推適用相關的契約效果，本例題即是對此做練習及說明。

擬答

1. 就有瑕疵的腳踏車，B 向 A 請求損害賠償的可能依據：

(1) 民法第 245 條之 1

本題 B 在挑選玩具過程中，因試騎壞掉的腳踏車而受傷，而 A 有重大過失，未能注意腳踏車瑕疵，故似乎必須對 B 負起締約上過失的賠償責任。問題是，假設 B 是在訂立贈與契約後，才因瑕疵的腳踏車受傷，則贈與人 A 根據民法第 411 條，對於贈與物的瑕疵僅須就故意不告知瑕疵或保證無瑕疵時，始負責任，則 A 是否也僅須依該注意標準，對標的物的瑕疵所造成的損害，負起締約上過失責任即可？對此，通說❻採肯定見解，但有反對說❼認為，贈與人僅能在將標的物贈與受贈人後（贈與契約有效成立後），才能主張責任減輕。本題擬答亦採通說意見，主要理由在於體現債務人對債權人的法定保護注意義務的一貫性，即債務人的保護注意義務的法

---

❻ Palandt/Heinrichs, §276 Rdn. 70.

❼ Gerhardt, JuS 70, 579, 602.

定關係，係源自於締約過程，並及於契約履行中，甚而也會延續到契約結束後，如此一貫性的法定債之關係，自也應有一致的責任標準。

⑵民法第 184 條第 1 項前段

民法第 411 條對贈與標的物瑕疵所生的損害賠償責任，有減輕贈與人注意義務的規定，根據通說❽意見，該減輕責任的規定亦可以適用於贈與人的侵權行為責任。

結論：B 不能向 A 請求損害賠償。

2.就芭比娃娃，B 向 A 請求損害賠償的可能依據：

⑴民法第 245 條之 1

不同於上述本例題之第 1 小題，本題 B 的受傷乃肇因於踩到地上的芭比娃娃，而 A 對於芭比娃娃的隨地置放，有重大過失。此時考慮贈與人減輕責任的規定，就不是民法第 411 條，而是民法第 410 條：「贈與人僅就其故意或重大過失，對於受贈人負給付不能之責任」。條文原意僅針對給付不能，但本題擬答以為亦可以類推適用於締約上過失，因為基於贈與契約的無償性，適度減輕贈與人責任，自屬合理，而不應因請求權基礎的不同，而有所差異才是。但即使民法第 410 條對贈與人責任減輕，因本題 A 對玩具雜放有重大過失，故仍應負起損害賠償責任。

⑵民法第 184 條第 1 項前段

同理，民法第 411 條對贈與人責任的減輕，雖亦可類推適用於侵權行為責任，在本題贈與人 A 終究必須對自己的重大過失負責。

結論：B 可以向 A 請求損害賠償。

---

❽ 參閱 BGHZ 93, 27。並參閱最高法院 22 年上字第 1311 號判例：「租賃物因承租人失火而毀損滅失者，以承租人有重大過失為限，始對出租人負損害賠償責任，民法第四百三十四條已有特別規定，承租人之失火僅為輕過失時，出租人自不得以侵權行為為理由，依民法第一百八十四條第一項之規定，請求損害賠償」。

例題 24【美白面膜的試用】──締約上過失的時效

　　A 見 B 在電視購物頻道廣告販售美白面膜，且 B 表示顧客可以打開貨品試用當中五片，再決定是否購買，因此就打電話要 B 送貨。在 A 試用五片面膜之後，發現皮膚奇癢無比，經診療後斷定是因該面膜含有未經許可的漂白劑之故。因 A 無法得知治療費用的精確數額，故直到經過兩年的治療後，始向 B 提起損害賠償訴訟，請求償還醫藥費。是否有理？

說明

　　基於債務人法定保護注意義務的一貫性，因此締約上過失的責任要件，在許多方面都應類推適用不完全給付規定，例如例題 17。此外，締約上過失的消滅時效，也應和不完全給付相當，但民法第 245 條之 1 第 2 項卻對締約上過失的消滅時效另行規定：「前項損害賠償請求權，因二年間不行使而消滅」，既不符合法律理論，也會發生價值判斷矛盾的結果，亟待修法。

擬答

1.請求權基礎的爭議

　　本題 A 可以向 B 請求損害賠償的請求權基礎根據，就不無疑問，似乎初步可以認定，民法第 411 條的贈與物瑕疵求償規定，可能是適當的請求權基礎。但根據民法第 411 條，贈與人對於贈與物的瑕疵僅須就故意不告知瑕疵或保證無瑕疵時，始負責任，則本題使用電視頻道銷售美白面膜的 B，就無須對 A 所生的損害，負起賠償責任。另一個可能可以考量的請求權基礎，則是認為 A、B 在商議買賣面膜過程當中，B 給予當事人 A 試用面膜，但卻未注意面膜的安全性，因此必須負起締約上過失責任。
本題 A 的請求權基礎究竟是何者，自應取決於當事人究竟是有意要成立面膜贈與契約？抑或僅為無法效意思存在的試用面膜而已？若欲正確解釋及

探求當事人意思，當事人間的利益比較，自然重要。以本題而論，若認為 B 同意 A 可以使用面膜是一無償贈與契約，則 B 可以主張責任減輕，似乎不合雙方當事人利益，因為 B 同意給予 A 試用面膜，乃在期待 A 會因而購買之故，是屬民法第 384 條的試驗買賣的前階段，而非完全是起自於無償的考量，故本題擬答傾向認為，A 應依締約上過失向 B 求償，而面膜出賣人 B 的注意標準，自以一般抽象輕過失為準[9]。

2.時效考量

本題 A 遲至經過兩年的治療後，始向 B 提起損害賠償訴訟，有無罹於時效，值得討論：

(1)類推適用相關的「標的物使用契約」規定

德國聯邦最高法院[10]認為，當事人將物品在有限的時間內，交由另一當事人使用，所引發的締約上過失責任時效問題，可以考慮類推適用相關的「租賃」或是「借貸」契約的短期時效規定，也被學說[11]所接受，因為該等短期時效規定的目的，是為要快速解決雙方當事人爭議，立法者不希望在返還標的物後，雙方當事人仍長期陷於爭議之中。在此意見下，以我國民法第 473 條第 1 項及第 2 項為例：「貸與人就借用物所受損害，對於借用人之賠償請求權、借用人依第四百六十六條所定之賠償請求權、第四百六十九條所定有益費用償還請求權及其工作物之取回權，均因六個月間不行使而消滅。前項期間，於貸與人，自受借用物返還時起算。於借用人，自借貸關係終止時起算」，則本題 A 的請求權時效似乎就告消滅。

(2)擬答意見

---

[9] 同樣，作者以為在大賣場試吃所引發的法律問題，也應以適用締約上過失為宜，而非是贈與契約。

[10] BGHZ 49, 77. 本案是涉及消費者有意購車，並在車商處試車，但卻在試車時被汽車瑕疵所傷。

[11] 參閱 Köhler, PdW SchR I, Fall 62。

上述德國聯邦最高法院意見，能否適用於本例題，不無疑問，因為本題面膜的使用，具有一次性消費的性質，並無返還的可能，故就無類推適用相關標的物使用契約的時效規定餘地。因此本題擬答以為，本題的時效問題，仍以適用民法第 125 條的 15 年一般時效為宜，因為如果本題面膜買賣契約有效成立，A 可以根據民法第 227 條第 2 項向 B 請求損害賠償，其消滅時效是 15 年，實不見何以締約上過失所造成的損害賠償請求權，消滅時效就有不同的結果。

(3)民法第 245 條之 1 第 2 項

我國民法對於締約上過失的時效，在民法第 245 條之 1 第 2 項有一致性的兩年規定，是否顧及個別契約的特殊性？值得立法者再商榷。

結論：根據民法第 245 條之 1 第 2 項規定，A 不能再向 B 請求損害賠償。

【題後說明】

1. 基於民法對債務不履行的立法混亂，故仍留有許多尚待學界討論、解決的時效問題。例如若本題 A 尚請求非財產上的損害賠償（慰撫金），則時效應用民法第 245 條之 1 第 2 項，抑或適用民法第 227 條之 1 準用民法第 197 條？作者意見，仍是以為應以適用第 125 條的 15 年一般時效為宜。

2. 如果本題 A 因無法得知治療費用的精確數額，故遲遲無法對 B 提起給付之訴，自有時效消滅的風險。在此建議，受害人不妨先提起確認之訴，確認損害的發生及存在和傷害行為間具有因果關係，以阻斷時效的進行。

五、其他債務不履行問題

例題 25【重機車生日禮物】──真正利益第三人契約㈠

　　A 剛滿 20 歲，外祖母 B 為慶祝 A 成年，不顧 A 的父親一向反對騎機車的態度，向機車商 C 洽購一部重機車，要贈與 A。外祖母 B 要 A 自己到機車商 C 處挑選機車，就在 A 挑中一部滿意的重機車後，在大學任教的父親得知此事，認為騎機車既破壞市容，更是一件非常、非常危險的事，故極力反對，並對 B 表示不諒解。B 只得無奈向 A 表示，不要去領車了。期間車商 C 支出額外的重機車保管費用，後因颱風，機車全毀。

1. 機車商 C 應向誰主張賠償？
2. 若 A 一開始就知道父親一定會反對，故婉拒外祖母的贈與。外祖母可否向 C 主張不想購買重機車，而拒絕價金給付？

說明

　　利益第三人契約在實務上並不少見，首要的法律爭議為究竟誰應負起債務不履行責任？利益第三人契約的當事人抑或利益受領人？本例題即對此加以練習。

擬答

1.機車保管費用支出及價金請求

　　本題機車買賣契約成立在外祖母 B 和車商 C 之間，但兩人卻同意由 A 挑選並受領機車，故所成立者是民法第 269 條第 1 項的（真正）利益第三人契約：「以契約訂定向第三人為給付者，要約人得請求債務人向第三人為給付，其第三人對於債務人，亦有直接請求給付之權」。問題是，在真正利益第三人契約中，本題受約人 C 所支出額外的機車保管費用，應向誰主張償還？

⑴向 A 主張

首先，C 可以向 A 依民法第 242 條，根據受領遲延規定，主張償還機車保管費用，自不待言。此外，尚可以考慮，車商 C 可否根據民法第 231 條、第 229 條第 2 項及第 367 條，向 A 主張機車保管費用支出的賠償？固然**買受人根據民法第 367 條負有受領買賣標的物的義務；如有遲延，應負起受領給付遲延的損害賠償責任❶**，但在買賣的真正利益第三人契約中，自應有特別考量，因為雖然要約人是買賣契約的買受人，但真正利益第三人契約中，受益人才是有受領標的物權利之人，因此**民法第 367 條的買賣標的物的受領義務人，在利益第三人契約中，也應是指受益人才是❷**。

至於本題受益人 A 是否有陷於受領給付遲延，尚必須檢查其他要件，例如車商是否曾向 A 為遲延催告，及 A 受領給付遲延有無可歸責事由而定（參照民法第 230 條）。本題擬答以為，A 尚不能以父親反對為由，而拒絕受領機車：一是 A 已經是年滿 20 歲的成年人，自不受 A 父意見的拘束，二是 A 應該可以預見父親對騎機車的激烈反對態度，故應自始表示不欲享有利益（參照民法第 269 條第 3 項：「第三人對於當事人之一方表示不欲享受其契約之利益者，視為自始未取得其權利」），如此即可以避免自己的受領給付遲延責任，但 A 卻未如此作為，自然必須負起受領給付遲延責任，賠償機車保管費用。

結論：A 必須向 C 償還機車保管費用。

⑵向 B 主張

在真正利益第三人契約中，除受益人必須負起受領遲延責任外，是否身為

---

❶ 參閱例題 15。

❷ 參閱 Lange, NJW 65, 657。同理，受約人給付遲延，也應由受益人基於自己的請求權，向受約人主張債務不履行的損害賠償才是。而因為要約人自身也可以向受約人請求向受益人為給付，因此一旦受約人給付遲延，要約人當然也可以向受約人主張給付遲延，然只能主張受約人向受益人為損害賠償。

契約當事人的要約人 B，也要負起受領遲延責任?

a. 民法第 242 條（債權人受領遲延）

雖然在真正利益第三人契約中，受約人 C 僅須向第三人 A 為給付，但通說❸以為，要約人 B 也必須接受民法第 242 條的第三人 A 受領遲延效果，而一同負起因受領遲延所衍生的保管費用償還義務，因為要約人 B 既身為債權人，而可以享有債權利益，當然也必須對債務人（受約人 C）負起相對的債權人受領遲延責任才是。此外，本題機車因非可歸責車商債務人 C 之事由（颱風）滅失，而致給付不能，故債權人 B 原本似乎可以根據民法第 266 條第 1 項規定，免價金對待給付，卻因必須接受受益人受領遲延的結果，在類推適用民法第 267 條之下，價金危險改由要約人承擔❹，因此本題最終 B 仍必須給付價金給車商 C。

b. 民法第 231 條、第 229 條第 2 項及第 367 條（債務人給付遲延）

因為要約人必須接受受益人的受領遲延效果，故一般以為❺，要約人也必須根據民法第 231 條及第 229 條第 2 項，輔以民法第 224 條（**受益人是要約人的履行輔助人**）負起民法第 367 條債務人受領標的物義務的「給付遲延」損害賠償責任❻，因此本題要約人 B 也必須據此對受約人 C，負起額外的重機保管費用。對此，本題擬答則持懷疑態度，因為既然在真正利益第三人契約中，要約人並無受領標的物的義務，則也就無所謂須根據民法第 224 條的履行輔助人規定，負起自己的受領給付遲延的債務不履行損害賠償責任才是❼。

結論: B 也必須向 C 償還機車保管費用，並要繼續給付價金。

---

❸ 孫森焱，民法債編總論（下），第 868 頁。

❹ 參閱孫森焱，民法債編總論（下），第 563 頁；陳啓垂，民法債編總論實例研習，第 408 頁。

❺ 參閱 Köhler, PdW SchR I, Fall 77.

❻ 參閱例題 15。

❼ 相同意見: MünchKomm/Gottwald, §334 Rdn. 8.

2.C 車商對 B 的民法第 367 條機車價金請求權

在受益人尚未明確表示願意享有利益之前，根據民法第 269 條第 2 項，當事人仍可以主張變更或是撤銷契約。但本題 A 卻已向外祖母 B 明確表示婉拒贈與，故構成民法第 269 條第 3 項：「第三人對於當事人之一方表示不欲享受其契約之利益者，視為自始未取得其權利」。在此狀況，要約人及受約人間的法律關係如何變化？

⑴契約的解釋

學說❽建議，應先透過契約的補充性解釋，理解當事人會如何處理該情況？例如要約人 B 是否擁有再指定第三人的權限？抑或可以改請求受約人 C 向要約人自己為給付？然本題的重機車，並非一種人人都適宜騎乘的交通工具，因此本題擬答以為，就契約的解釋上，初步應可以認為要約人 B 並無堅持契約繼續存在，而請求車商 C 改向他人或是自己為給付的動機及意思，故應認為在合理的契約解釋下，本題要約人 B 應較傾向不想再接受契約拘束，而想拒絕給付價金。

⑵債務不履行

本題要約人 B 能否堅持，契約因不應繼續存在，而拒絕給付價金？學說❾以為仍應回歸一般債務不履行規定處理。

a. 學說意見

惟孫森焱教授❿認為「依民法第二六九條第三項規定，第三人對當事人之一方表示不欲享受其契約之利益者，視為自始未取得權利，則第三人約款即屬標的之自始給付不能」，故約款應歸無效，而若第三人約款為整個契約所不可欠缺部分，則根據民法第 111 條前段規定，應推定全部利益第三人契約（補償關係）無效。依此，本題要約人 B 似乎就可以

---

❽ 孫森焱，民法債編總論（下），第 868 頁。

❾ Jauernig/Vollkommer, §333 Rdn. 1. 並參閱孫森焱，民法債編總論（下），第 868 頁。

❿ 孫森焱，民法債編總論（下），第 868 頁。

拒絕給付價金。

b. 擬答意見

本題擬答以為，利益第三人契約成立時第三人即取得權利。故即使**第三人事後表示不欲享受契約之利益，而致受約人給付不能，雖然條文規定第三人「視為自始未取得權利」，但終究是發生在已經取得權利之後，故應是「事後不能」❶，而非自始不能，因此整個利益第三人契約（補償關係）尚不致因民法第 246 條第 1 項而無效。**

而本題受益人 A 自始已經表達不欲享受契約之利益，故就未取得權利，致使不可歸責受約人 C 而給付不能，根據民法第 225 條第 1 項規定，C 自免給付義務。至於要約人 B 的價金給付義務，應適用民法第 266 條抑或第 267 條，端視 C 的重機給付不能是否可歸責於 B？本題擬答以為，A 在外祖母 B 的勸說下，不去領車，而致車商 C 給付不能，雖說身為成年人的 A 應就自己行為負責，但 A 乃因 B 的勸說而受影響，故具有因果關係，且基於誠實信用原則，債權人自也不應為阻攔債務人履行債務之行為（參照民法第 101 條），但 B 卻為之，故擬答意見傾向認為可以認定是可歸責於 B 而致車商 C 給付不能，因此價金部分應適用民法第 267 條，即外祖母 B 仍必須給付價金給車商 C。該結果自然對 B 不利，因此本題最終合理的解決之道，外祖母 B 應向機車商 C 主張將重機車改向自己或是第三人為給付。

結論： 外祖母 B 仍必須給付重機價金給車商 C。

【題後說明】

1. 本題若是不可歸責 B 而致車商 C 給付不能，例如受益人 A 因先前車禍，而懼於再騎重機，故而拒絕享有利益，則 B 就可以根據民法第 266 條第 1 項及第 226 條第 1 項，主張拒絕價金的給付。

---

❶ 參閱 Jauernig/Vollkommer, §333 Rdn. 1; Palandt/Heinrichs, §333 Rdn. 4。

2.舉例如下：某市府經營停車場已久，欲改由廠商經營超市，但顧及停車場約聘僱人員的生計，市府遂和廠商約定，須由廠商媒介「適當工作」給約聘僱人員，此種契約也是一種真正利益第三人契約，使得約聘僱人員對廠商有直接請求媒介適當工作的機會。因此如果廠商一直沒有履行媒介「適當工作」機會（契約解釋及事實認定問題），約聘僱人員應捨棄對市府抗爭，而向廠商主張損害賠償；真正具有訴訟資力的市府也應向廠商主張不完全給付，並請求廠商向約聘僱人員為損害賠償。但如果廠商確實已經履行媒介適當工作機會，約聘僱人員也不應拒絕接受該工作，而一味要求市府負責。

例題 26【派遣工】——真正利益第三人契約㈡

電力公司 A 為精簡人事成本，遂和人力派遣廠商 B 訂立「人力派遣契約」，由 B 負責調派人力 C，以供 A 使用。

1. C 經常上班遲到，以致工作無法完成，造成電力公司 A 的財產損失。A 如何求償？

2. C 在為電力用戶更換電表時，因操作不慎致使用戶被電傷。用戶應向誰求償？

3. C 在執行職務時，受到電力公司上級的性騷擾，電力公司 A 卻未懲處上級。C 應如何主張？

說明

基於實際需求，人力派遣契約在國內勞務市場，漸占重要地位，其間三方當事人的契約關係，值得討論及練習。首先須釐清的是，要派企業和派遣廠商所訂立的「**人力派遣契約**」，非屬民法第 482 條的僱用契約，因為派遣廠商只負責派遣合格工人，不負責對要派企業為勞務給付。至於派遣工人和要派企業之間也無契約關係，派遣工人之所以向要派企業為勞務給付，乃是基於派遣工人和派遣廠商之間的「利益第三人僱用契約」關係之故。

擬答

1. C 上班遲到

本題派遣工人 C 經常上班遲到，造成電力公司 A（要派企業）的財產損失。其間的損害賠償請求，應考慮問題如下：

⑴請求權基礎

一般可能誤解，上班遲到，公司應向受僱人主張給付遲延的損害賠償。但本題擬答以為，受僱人未能在約定時間為勞務給付，一般而言應構成「（部

分）給付不能」，特別是受嚴格強制性規範約束的「勞動契約」，受僱人應在一定時間內為勞務給付，而不能被藉故延長（準時上下班，否則即是加班），因此解釋上應認為，受僱人未能在約定時間為勞務給付，即是給付不能（絕對定時契約）❷，而非給付遲延，否則僱用人即可以要求遲到的受僱人繼續給付，而有違法之虞。

⑵損害賠償的義務人

本題派遣工人 C 基於和派遣廠商 B 之間的「利益第三人僱用契約」，向受益人 A 為勞務給付，受約人 C 因上班遲到，故受益人 A 有民法第 226 條第 1 項的給付不能損害賠償請求權。而問題在於，受益人 A 應向派遣工人 C（受約人）主張？抑或應向契約當事人，即派遣廠商 B（要約人）主張？

a.向 C 主張

雖然要派電力公司 A 和派遣工 C 之間並無契約關係，但基於真正利益第三人契約，要派企業電力公司 A 取得對派遣工 C，有直接請求給付的權利（參照民法第 269 條第 1 項），故若因可歸責派遣工 C 事由，而致勞務給付不能，不排除要派企業電力公司 A 可以對之主張給付不能的債務不履行責任，**但電力公司 A 不能以可歸責派遣工 C 而致勞務給付不能為由，而主張民法第 256 條解除「人力派遣契約」。**

b.向 B 主張

因「人力派遣契約」的內容，並非「派遣廠商須對要派企業提供勞務給付」，故本題要派企業電力公司 A 尚不能以派遣工勞務給付不能為由，向派遣廠商 B 主張給付不能。根據「人力派遣契約」的內容，派遣廠商須派遣合於工作資格的適任人員給要派企業，因此本題要派電力公司 A 僅能以派遣廠商 B，因過失未能提供適任工人為由，向之主張民法第 227 條第 1 項的不完全給付損害賠償責任。

---

❷ 相同意見：孫森焱，民法債編總論（下），第 561 頁。

結論: A 可以根據民法第 226 條第 1 項向 C 主張損害賠償，並根據民法第 227 條第 1 項向 B 主張損害賠償。

2.C 執行職務不慎

派遣工人 C 在執行職務時，因過失而對用戶造成損害，受害人應向要派電力公司 A，抑或應向派遣廠商 B 求償?

⑴民法第 188 條第 1 項

民法第 188 條第 1 項的僱用人責任,責任主體並不拘限於條文表面上的「僱用契約」的僱用人。一般以為，民法第 188 條第 1 項的責任主體，之所以必須對行為人的執行職務行為，負起連帶賠償責任，實肇因於自己未對行為人盡到指揮監督義務之故，故只要於行為人執行職務時，實際上有指揮監督權限者，即有民法第 188 條第 1 項的僱用人責任適用❸。

就派遣工的執行職務而言，因為派遣工實際上是在要派企業所掌控的領域內工作，故實際上可以對其為有效的指揮監督權限之人，應是本題的電力公司 A 才是，而非是派遣廠商 B，因此用戶應是向 A 主張民法第 188 條的僱用人損害賠償責任。

⑵民法第 227 條第 1 項

用戶和電力公司 A 之間，對於電力供應成立「繼續性的電力供給契約」❹。而派遣工 C 為電力公司用戶更換電表時，因操作不慎致使用戶被電傷，用戶自可以根據契約的不完全給付，向電力公司求償，且派遣工 C 是受電力公司指派，為電力公司的用戶更換電表，故乃是電力公司履行債務的履行輔助人，因此電力公司必須根據民法第 224 條就派遣工 C 的過失，負起同一責任。

---

❸ 參照最高法院 45 年臺上字第 1599 號判例及最高法院 57 年臺上字第 1663 號判例。

❹ 「電力供給契約」所引發的相關電力供給瑕疵法律問題，應適用買賣的「物之瑕疵擔保」規定。

結論：用戶可以向電力公司 A 求償。

3. C 受性騷擾

當 C 在執行職務，遭受上級的性騷擾，向電力公司 A 申訴，但 A 卻未處理，C 是否可以據此依性別工作平等法第 28 條及第 13 條第 2 項，向 A 求償，不無疑問，因為派遣工 C 和要派企業電力公司 A 之間並無契約關係，故非是條文所謂的「受僱者」和「雇主」關係❺。

為釐清此一爭議，**民國 103 年立法院修正性別工作平等法第 3 條第 3 款的「雇主」定義，明訂要派單位使用派遣勞工時，視為第 13 條之雇主。** 該修法的結論可以贊同，就法律理論的討論而言，亦屬適當，因為雇主必須對受僱人於執行職務時所可能遭受的性騷擾，負起保護注意義務，實源自於兩人間因僱用契約所生的法定保護注意義務之故。依此，即使派遣工和要派企業之間並無契約關係，但基於真正利益第三人契約，要派企業對派遣工有一直接請求勞務給付的請求權，換言之，兩人之間存在有一「債之關係」，基於該「債之關係」，要派企業可以請求派遣工服勞務，故要派企業在派遣工服勞務時，必須對派遣工（債務人）的人身利益，極盡保護注意義務才是，若拘泥於「僱用契約」關係，而否認要派企業對派遣工的人身利益保護注意義務，顯然忽略債權人對債務人所必須負起的法定保護注意義務的法律理論。

結論：C 可根據性別工作平等法向 A 主張損害賠償。

---

❺ 前勞委會曾就此問題，做出要派企業不須對派遣工負起性騷擾防治責任的函示，引起輿論譁然。

【題後說明】

　　A 公司的影印機故障，委請 B 廠商檢修，B 則又委請 C 廠商檢修（次承攬），C 在維修時被 A 的員工性騷擾，因為本例屬於不真正利益第三人契約，因此在 A、C 間既無契約關係，也無任何的勞務給付請求權關係存在（無債之關係存在），因此 A 無須對 C 負起性騷擾防治責任。而因 A 的員工性騷擾行為，不屬於「執行職務」行為，而僅為「機會行為」，則 A 也無須根據民法第 188 條第 1 項，對 C 負起損害賠償責任。

例題 27【進口車代理商】──契約的第三人保護效力㈠

　　A 是貨車行老闆，為拓展業務，遂向某進口汽車代理商 B 購買新型貨車一部，並交由送貨員 C 駕駛。某次 C 在送貨途中，因貨車翻覆而受傷，也壓傷路人 D。經查是 C 不熟悉新款進口貨車的特殊性能所致，而 B 並未對該款進口貨車的特殊性能向 A 多做說明，以致於 A 也無從對 C 說明。

1. C、D 欲向 B 請求損害賠償。有無可能？
2. 如該新款貨車的特殊性能，早已被報紙揭露，A 卻不以為意，亦未向 B 做進一步詢問，更未警告 C。C 必須承受 A 的與有過失？

說明

　　「契約的第三人保護效力」是繼「締約上過失」及「不完全給付」後，第三種民法債務不履行在習慣法上的重要發現，值得學習者細心揣摩。

擬答

1. C、D 可能可以向 B 求償的請求權根據，考慮如下：

⑴民法第 191 條之 1 第 1 項及第 4 項

　　本題雖然 B 是進口汽車代理商，而非是汽車製造人，但根據民法第 191 條之 1 第 4 項規定：「商品輸入業者，應與商品製造人負同一之責任」（所謂「擬制的商品製造人」），因此不排除 B 也必須根據民法第 191 條之 1 第 1 項規定，對 C 負起商品製造人責任：「商品製造人因其商品之通常使用或消費所致他人之損害，負賠償責任。但其對於商品之生產、製造或加工、設計並無欠缺或其損害非因該項欠缺所致或於防止損害之發生，已盡相當之注意者，不在此限」，但觀民法第 191 條之 1 第 1 項的商品製造人規定，係指對於商品之生產、製造或加工、設計有欠缺者，而本題並無欠缺或其損害非因該項欠缺所致或於防止損害之發生，已盡相當之注意者，故不在

此限。

然而，商品輸入業者對商品的生產、製造或加工，並無置喙餘地，則何來的商品製造過失可言？而條文指：「商品輸入業者，應與商品製造人負同一之責任」，卻似意指商品輸入業者必須對商品製造人的商品瑕疵負起無過失連帶責任 ❶⑥，立法的價值判斷是否得宜，不無疑問。本題擬答以為，如果維持商品製造人責任性質，乃以過失為原則的侵權行為責任，則法律理論上應認為商品輸入業者其實就應如同一般的商品銷售商般，僅須對商品負起民法第 184 條第 1 項前段的商品檢查及說明、警告義務即可，而本題的汽車進口商 B 因有過失未盡其商品說明義務，致使 C、D 受有損害，終究 B 須對 C、D 負起賠償責任，自無疑義。

結論：C、D 可以根據民法第 184 條第 1 項前段向 B 求償。

⑵消費者保護法第 7 條及第 9 條

同樣的問題也發生在消費者保護法（以下簡稱消保法）。例如消保法第 9 條規定：「輸入商品或服務之企業經營者，視為該商品之設計、生產、製造者或服務之提供者，負本法第七條之製造者責任」，等同要求輸入商品業者，必須根據消保法負起商品瑕疵的無過失責任，是否合理，不無疑問。

此外，本題 C、D 能否根據消保法第 9 條、第 7 條向 B 求償，須面臨一個棘手的問題：C、D 和商品輸入業者 B 間並無消費關係，非是消費者，但**根據消保法第 7 條第 3 項及第 9 條，商品輸入業者對因商品欠缺說明、警告義務，以致消費關係以外的第三人受有損害時，亦必須負起賠償責任。**

若按通說意見 ⑰，認為本條的**法律性質是侵權行為性質**，則受害人的求償，就不須以和商品輸入業者間有特殊緊密連結的「消費契約關係」為必要，則本題不但 C 可以向 B 主張適用「消費者保護法」賠償，即使路人 D 都可能可以根據「消費者保護法」向 B 求償，然則消費者保護法所要求的適

---

⑯ 參閱朱柏松，消費者保護法論，1999 年 9 月，第 70 頁。

⑰ 參閱朱柏松，消費者保護法論，1999 年 9 月，第 53 頁以下。

用前提:「消費關係」, 就有被濫用及被架空之虞。

本題擬答以為, 如果認為商品製造人責任是侵權行為性質, 即不宜規範在「消費者保護法」中, 因為侵權行為的架構及成立, 不以當事人間須有特殊緊密連結的債之關係存在為必要, 為避免契約及侵權行為責任體系有被混淆之虞, 建議應將商品製造人責任由現行消費者保護法中抽離。而**一旦立法者將商品製造人責任規範在「消費者保護法」中, 性質就應宜被認為是一種契約責任, 則消保法第 7 條第 3 項的「第三人」範圍, 即應以下述的「契約的第三人保護效力」加以認定, 始符合法律理論**, 以避免第三人的範圍認定, 失之過廣。

結論: 根據通說意見, C 及 D 皆可以根據消保法第 7 條第 3 項及第 9 條, 向 B 求償。

⑶民法第 227 條第 1 項及第 2 項的不完全給付責任

C、D 能否對 B 主張契約上的不完全給付責任, 不無疑問, 因為 B 是將貨車出售給 A, 故 C、D 明顯不是契約當事人, 因此 C、D 能否根據契約上的請求, 向 B 主張損害賠償, 值得再討論。德國學說[18]經過長時間的討論, 肯定債務人的附隨保護注意義務, 不僅僅是針對債權人, 也包括對第三人的財產及人身利益保護, 學說稱之為「契約的第三人保護效力」。

a.法律理論根據

契約的第三人保護效力, 將債務人的附隨保護注意義務的對象, 擴大及於非契約當事人, 使得非契約當事人因債務人的疏失, 而致財產或人身法益遭受損害時, 也可以獲得契約上的救濟。「契約的第三人保護效力」的形成過程中, 法律理論上, 首先必須面臨「混淆契約及侵權行為責任體系」的質疑[19]。對此, 德國聯邦最高法院[20]以「補充性契約解釋」加

---

[18] Larenz, SchR I §17 II.

[19] 參閱作者上述對現行我國消保法商品製造人責任的理論質疑。

[20] BGHZ 56, 269.

以釋疑，其認為契約的第三人保護效力的範圍，應取決於契約當事人的主觀意願及契約的目的性，而透過「補充性契約解釋」加以認知，不能無限擴張，以適當限制契約的第三人保護效力範圍。但學說[21]卻以為，契約的第三人保護效力，並非來自於契約的解釋，而是基於誠實信用原則所產生的習慣法上的法定附隨保護注意義務，至於第三人的範圍則須視個別的契約類型及目的，加以認定。

b. 要　件

本題擬答以為，上述學說的爭議，應僅表現在理論上的討論而已，並無實益上的差別，特別是對於契約上第三人效力的「第三人」範圍認定要件上，雙方都有共識，僅限於：

aa. 接近契約的給付範圍

首先，非契約當事人的第三人之所以受到契約效力的保護，乃因該第三人按契約的本質，會如同債權人般相當接近契約的給付範圍，故必須承受債之給付所可能衍生的危險，因此自有受契約保護的必要。對此，則本題應僅 C 可以主張契約的第三人保護效力，因為貨車的採購，明顯地使用貨車送貨的受僱人 C，為主要接近給付標的物之人。至於本題的路人 D 因商品說明瑕疵而間接導致受傷，則是屬於一般的生活風險，自不在貨車採購契約所欲保護的範圍。

bb. 債權人對於第三人有保護的利益

基於契約自由，當事人可明示或是默示約定，將契約的保護效力擴及第三人。但如果當事人並無如此約定，則一般認為「客觀上，契約債權人對之有保護利益之人」，特別是被債權人帶進契約危險給付關係的第三人，即為契約的第三人效力所及，典型例如本題雇主 A 對受僱人 C 在執行職務過程中，自有對 C 的人身及財產利益保護的需要（參照民法第 487 條之 1），或是父母帶未成年子女逛百貨公司而受傷[22]，基於親屬法上的保護利益關係（參照民法第 1084 條第 2 項），

---

[21] Larenz, SchR I §17 II.

該未成年子女也應列入契約的第三人效力保護範圍。至於本題明顯地債權人 A 並無對路人 D 有特別的保護利益存在，故也非屬在契約的第三人保護效力範圍內。

cc. 債務人對第三人的保護利益有清楚的認知

此外，惟有在訂約時，可以被債務人清楚所認知，給付危險可能會及於之第三人，始為契約的第三人效力所及，以免債務人無法掌握自己的契約責任。而本題因為送貨的受僱人 C 使用貨車，自屬貨車出賣人可預見，也無疑義。

dd. 第三人無其他契約上請求權，故而有保護的必要性

因為契約上的第三人保護效力，如同締約上過失及不完全給付般，其目的亦是在透過契約手段，救濟侵權行為的不足。因此若第三人已有其他契約上的請求權可以主張，即不能再主張契約上的第三人保護效力救濟。在此一要件下，本題 C 能否對 B 主張契約上的第三人效力保護，取決於上述的消保法第 7 條第 3 項及第 9 條的法律性質為何。如果按通說認為是侵權行為性質，則不排除 C 仍可以根據契約上的第三人效力保護，有自己獨立的契約不完全給付請求權（民法第 227 條），向 B 求償。

結論：只有 C 可以向 B 主張不完全給付責任。

2. 契約債權人的與有過失

至於第三人是否必須承受契約債權人的與有過失，學說則有爭議：

⑴否定說

少數說❷❸認為，第三人自己的契約上請求權，乃是一獨立的法定債之關係，並無涉於債權人和債務人之間的契約關係，因此第三人就無須承受債權人

---

❷ 參閱例題 21。

❸ Esser/Schmidt, SchR I§34 IV 2 c.

的與有過失。

⑵肯定說

通說❷認為,第三人的契約上保護效力,是源自於「第三人接近契約的給付範圍」之故,換言之,第三人的契約上保護效力乃依存於債權人和債務人之間的契約關係之上,故第三人必須接受所有契約給付上的可能抗辯,包括債權人的與有過失。而相類似的依存關係也見於「真正利益第三人契約」,例如民法第 270 條即清楚規定,第三人必須接受契約所生的一切抗辯。對此爭議,本題擬答亦認同肯定說,否則將會造成第三人所得享有的契約上保護效力,大於主契約債權人本身,不符合價值判斷❷。

結論: C 必須承受 A 的與有過失。

【題後說明】

1. **證券交易法第 20 條之 1 第 3 項**規定:「會計師辦理第一項財務報告或財務業務文件之簽證,有不正當行為或違反或廢弛其業務上應盡之義務,致第一項之損害發生者,負賠償責任」,作者以為理論上也應屬於「契約的第三人保護效力」,即會計師在履行和公司間的財務報告或簽證的委任契約時,必須詳細、精確為之,如有過失而致使公司報表呈現不實,除必須對公司負起損害賠償責任外,亦必須對與財務報表相關的第三人負起賠償責任。

2. 至於消保法第 23 條第 1 項規定:「刊登或報導廣告之媒體經營者明知或可得而知廣告內容與事實不符者,就消費者因信賴該廣告所受之損害與企業經營者負連帶責任」,是否也為契約的第三人保護效力? 則不無疑問。蓋契約的第三人保護效力是指債務人在履行契約時,不僅須對債權人的利益盡保護注意義務,尚且須延伸至和該契約接觸的相關第三人。但消保法第 23 條第 1 項廣告媒體業者的廣告不實檢查義務,並無保護企業經營者利益的

---

❷ MünchKomm/Gottwald, §328 Rdn. 101.

❷ 不同意見: Fikentscher, SchR Rdn. 262。

內涵，而是獨立針對第三人的利益保護，以避免第三人因企業經營者所委製的廣告內容有誤而受有損害。換言之，媒體經營者的消保法第 23 條第 1 項義務，不是依存於對主債權人（廣告主）保護注意義務下，所產生對相關第三人的保護注意義務，乃是一種單獨針對消費者利益的保護注意義務，故理論上不應是契約的第三人保護效力的展現。

3. 其他「契約第三人保護效力」的典型案例，則屬對法人成員的利益保護。例如某社團法人向市府租借場館，以作為社員大會開會場所，但因場館瑕疵，導致社員受傷，雖該社員不是場館租賃契約的當事人，但可以直接向市府主張「契約第三人保護效力」損害賠償，自無疑義。

例題 28【未完成的遺囑】㉖──契約的第三人保護效力㈡

A 自忖即將不久人世，因此想在最近對遺產做好分配，遂打電話給律師好友 L，進行法律諮詢。A 向 L 表示，自己的兒子 B 並不成材，因此想將遺產全部分給女兒 C。L 表示知情，並會在近日將遺囑準備好。

但因 L 的律師業務繁忙，因此一時忘了準備遺囑範本，數日後 A 又催促一次，並表示自己身體狀況並不好，隨時都會去世，L 回答即日就好。但在 L 完成遺囑範本前，A 卻因跌倒陷入昏迷而死亡。而 C 只取得法定的應繼分，自認受有損害，遂向 L 提告請求賠償，有無道理？

說明

本例題繼續練習「契約的第三人保護效力」。學習者應注意類型已經有所變化，並應注意新問題出現。此外，本例題雖是真正發生在德國，但學習者也可以想像，極有可能也會在臺灣發生：例如有企業大亨在遺囑表示要由次子擔任集團總裁，但為避免長子不滿，大亨在生前獲得集團其他董事的表態支持。但大亨去世後，其他集團董事並未支持次子，反而支持長子擔任集團總裁。

擬答

如果按照 A 的意願所完成的有效遺囑，C 可能就可以取得扣減 B 特留分後的全部遺產利益，但 C 卻終究僅取得應繼分利益，對此部分的損害，C 可能可以向 L 請求賠償的根據，考慮如下：

1.民法第 226 條第 1 項、第 547 條及第 1148 條

因為本題是 A 和律師 L 約定遺囑諮詢及相關契約準備事宜，為有償委任契約，即使因可歸責 L 的事由，而無法完成遺囑，可以請求債務不履行的當

㉖ 本題取材自德國聯邦最高法院判決：BGH JZ 66, 141。

事人也應是 A。但因 C 是 A 的繼承人，故不排除 C 可以根據民法第 1148 條繼承 A 對 L 的損害賠償請求權。因此要檢查的仍是，A 是否對 L 有債務不履行的損害賠償請求權。

⑴給付不能

A 和 L 所約定的遺囑諮詢及契約準備事宜，因 A 的死亡，而致給付不能，如果可歸責於 L，則 L 就必須負起給付不能責任。惟本題 A 的死亡是因跌倒所致，當然不可歸責於 L，但如果 L 在此時因尚未給付遺囑諮詢及準備事項，而陷入給付遲延，則 L 就必須根據民法第 231 條第 2 項，對於不可抗力事件，亦須負責。因為本題 A 及 L 對於遺囑諮詢事項並未約定確定的給付日期，故 L 是否陷入給付遲延，取決於 A 是否曾為催告（參照民法第 229 條第 2 項）？而本題題意已經表示「數日後 A 又催促一次」，應可理解是一有效的催告（事實認定），故可以認定，因可歸責 L 而致對 A 的遺囑諮詢及準備給付不能。

⑵損　害

然債務不履行的給付不能責任，尚須以債權人受有損害為必要，而本題的契約債權人是 A，但 A 卻不會因遺囑準備不能而受有損害。換言之，真正因 L 給付不能受有損害的是 C，但 C 卻非是契約當事人，因此欠缺民法第 226 條第 1 項「債權人 A 須受有損害」的要件，故無得追究契約債務人 L 的損害賠償責任，因此 C 也就無得主張繼承 A 的請求權。

2.契約的第三人保護效力

可以考慮的是，雖然 C 不是遺囑諮詢及準備的契約當事人，但卻是會實際受到該契約所影響之人，因此不排除 C 可以主張契約第三人保護效力的可能性。

在先前例題 27 所提及的契約對第三人的保護效力，是指**債務人違反契約對第三人的附隨保護注意義務，致使第三人受有損害**，但本題卻是**債務人違反對債權人的契約主給付義務，而致第三人受損害**。雖然如此，德國聯邦

最高法院仍認為，基於誠實信用原則及符合契約意義性及目的性，不排除債務人也應就契約主給付義務的履行本身，對第三人負起注意義務，因此本題繼承人 C 仍可以根據「契約的第三人保護效力」機制，主張對 L 的損害賠償請求。對此，本題擬答亦認同之：首先「契約的第三人保護效力」的法理本就是一種在主契約當事人以外，對第三人利益加以保護的法律機制，因此即使本題 C 並非契約當事人，對 L 並無契約上的主給付義務請求權，卻仍不應妨礙 C 可以根據「契約的第三人保護效力」的相同法理，請求利益保護，而向 L 請求契約主給付義務違反的損害賠償責任。況且，L 也當清楚知道，如果自己未能完成遺囑的諮詢及準備，真正受影響而有損害之人是繼承人 C，故 L 對之為損害賠償，亦無不合理之處。

3.第三人損害的清算

本題的契約當事人 A 因欠缺損害，故請求權不成立，而真正受有損害的 C，卻不是契約當事人，因此另有學說❷認為，本例題可以適用「第三人損害的清算」機制處理。「第三人損害的清算」是德國損害賠償法上重要的發展，根據此一理論，如果損害並非發生在債權人，而是發生在第三人，但由債之關係本質觀之，損害本應自始只會發生在非契約當事人的第三人身上，此時應將第三人的損害，「輾轉視為」是債權人的損害，而最終肯定債權人對債務人的損害賠償請求權。「第三人損害的清算」已不同於「差額說」下的實質損害概念，乃是以價值判斷決定損害的存在，故為規範性的損害概念，被今日德國習慣法所承認，本題即是一例。

結論： C 可以根據「契約的第三人保護效力」，或是「第三人損害的清算」機制向 L 請求賠償。

---

❷ Medicus, BürgR Rdn. 847.

【題後說明】

1. 「第三人損害的清算」在德國已是習慣法，而我國法界雖尚未進行深入的全面性討論，卻在一些個別的民法規範上，實質承認該機制的存在。例如 A 委由工程車進口商 B，向國外車廠 C 洽購特定挖土機一部，因此 B 遂以自己名義，但卻是為 A 的利益計算，向 C 訂購，為「間接代理」（參照民法第 576 條的「行紀」契約，是委任契約的特殊型態）。如果 C 違約，則因為進口商 B 是受 A 的委任，故最終損害須由 A 承受（參照民法第 546 條第 3 項），因此似乎對進口商 B 就無「損害」可言，故不能向 C 主張損害賠償，但 A 卻欠缺對 C 有契約關係，故 A 似乎也不能向 C 求償，因此應認為身為間接代理人的 B，此時可根據「第三人損害的清算」，主張 A 所受的損害即是自己的損害，而向 C 求償，以避免 C 因為和真正的受害人 A 之間，欠缺契約關係而獲利。在 B 由 C 處獲得賠償後，再根據委任關係將所得的賠償交付給 A，或是 B 將對 C 的損害賠償請求權讓與 A，而由 A 親自直接向 C 求償。對此，我國在民國 88 年增訂民法第 546 條第 4 項明文規定：「前項損害之發生，如別有應負責任之人時，委任人對於該應負責者，有求償權」，法律理論上其實正是在展現「第三人損害的清算」。

2. 第三人損害的清算，雖然也適用在民法第 374 條「寄送買賣」的案例上，但學說卻在損害賠償額的認定，發生爭議。例如 A 向好友 B 調貨，以平價每公斤 10 元向 B 購買白菜，並請託 B 將白菜交由貨運公司運送給第三人，後因貨運公司過失，白菜滅失。因為 A 已經將白菜以每公斤 12 元的價格出售給第三人，故無法交貨獲利而遭受損失，但卻因欠缺契約關係，而無法對貨運公司求償。另一方面，B 因為民法第 374 條的危險負擔移轉規定，仍可以向 A 主張白菜價金的給付，似乎就無損害可言，故也不能對貨運公司請求賠償。但學說卻認為貨運公司不能因為 A、B 兩人的內部價金危險負擔移轉結果，而受有利益，因此認為有「第三人損害的清算」適用，故仍肯定 B 可以向貨運公司主張損害賠償，而 A 再根據民法第 225 條第 2 項

主張代償請求權。

但有爭議的是，有認為[28]A 僅能請求白菜的每公斤 10 元賠償而已，也有認為[29]A 可以向貨運公司請求每公斤 12 元利益的代償請求。對此，作者也傾向前者，因為不同於上述的「間接代理」，本例白菜所有權自始都是屬於 B，B 也是為自己利益出售白菜給 A，因此所能主張遭受的損害就是白菜每公斤 10 元的損害而已。

---

[28] Larenz, SchR I §27 IV b 1.

[29] Medicus/Staudinger, §249 Rdn. 197.

例題 29【鵝鑾鼻燈塔造型的銀行燈】——契約的解除㈠

　　A 在墾丁旅遊時，見 B 藝品店出售一座精美的鵝鑾鼻燈塔造型銀行燈，非常喜歡，遂購買之。

　　A 回到臺南後，發現燈有瑕疵，因此主張解除契約。B 雖表示願意退還價金，卻堅持 A 必須將銀行燈寄回墾丁，否則不願退還價金。A 無奈只得委由 C 貨運公司，將銀行燈運回墾丁，運費總計 600 元。

1.A 可否向 B 請求償還該運費？

2.如果 A 是在網路上購得銀行燈，並根據消保法的七天解除權，解除契約，結果有無不同？如果在寄回途中，因不可抗力事故，銀行燈打破，B 可否主張拒絕返還價金？

說明

　　契約因解除而消滅，並轉為互負返還義務的債之關係。至於契約解除的原因，散布於民法各章節，而解除的效果則是規範在民法第 259 條以下。解除及其相關問題，本為民法債務不履行的重要章節，但因本書所能收納的例題有限，故只能做簡單介紹。

擬答

1. A 可能可以向 B 請求 600 元運費償還的請求權基礎，討論如下：

⑴民法第 546 條第 1 項

民法第 546 條第 1 項規定：「受任人因處理委任事務，支出之必要費用，委任人應償還之，並付自支出時起之利息」，但 A 是否能據此向 B 主張費用償還，則取決於兩人是否有意成立委任契約。題意稱 B 堅持 A 必須將銀行燈寄回墾丁，並告知在此之前，不願返還價金，可見 B 認為寄回銀行燈非屬自己的事務，因此可以認定也無意要和 A 訂立代為寄回銀行燈的事務處

理委任契約。

⑵民法第 176 條第 1 項

因為 A、B 兩人並無委任契約存在，故可以考慮的是，A 是基於無因管理，代 B 寄回銀行燈，在符合民法第 176 條第 1 項的要件下，A 可以向 B 請求運費的償還。而本題是否成立無因管理，則取決於將銀行燈寄回墾丁，是否是 B 的事務？

因銀行燈有瑕疵，故 A 根據民法第 359 條解除買賣契約。而依民法第 259 條第 1 款，解除契約後，當事人間互負返還所受領標的物的義務，因此買受人 A 負有將銀行燈返還給出賣人 B 的義務，但民法第 359 條及第 259 條第 1 款卻未規定，應在何地返還所受領的標的物？根據民法第 314 條規定：「清償地，除法律另有規定或契約另有訂定，或另有習慣，或得依債之性質或其他情形決定者外，應依左列各款之規定：一、以給付特定物為標的者，於訂約時，其物所在地為之。二、其他之債，於債權人之住所地為之」，因此首先要問：契約解除時，在無法律規定及當事人特別約定下，返還標的物的清償地，得否根據債之性質，而探求清償地？

對此本題擬答以為，**契約解除時，返還標的物的清償地決定，應視解除的原因而定**：一般而言，解除的法律效果，原則上是在回復當事人的原先法律狀態，因此**返還標的物的清償地自應以當初的契約的清償地**為準才是 ❸⓪，但是本題的解除原因卻是因瑕疵所引起的民法第 359 條，因此如果認為買受人 A 負有寄回銀行燈到墾丁的義務（契約清償地在出賣人處所），加重買受人 A 的負擔，不無疑問。但必須強調，買賣標的物的瑕疵擔保責任是一無過失責任，因此若一概認為出賣人負有將標的物取回的義務，有時也會造成出賣人的過度負擔，未必公允。

對此，德國聯邦最高法院 ❸① 認為，**因物之瑕疵而解除契約，返還標的物的**

---

❸⓪ MünchKomm/Janßen, §346 Rdn. 14; Palandt/Heinrichs, §269 Rdn. 15.

❸① BGHZ 87, 104, 109. 本案涉及買受人向出賣人購買蓋屋頂的紅磚，並由出賣人送至買受人處所。就在買受人將部分紅磚砌上屋頂後，即發現紅磚有瑕疵，買受人主張解

清償地以「合於契約意涵的物之所在地為準」。以本題為例，物之現在所在處是在臺南，但「物在臺南」是否符合當初 A 在墾丁向 B 購買銀行燈的契約意義？試想：如果買受人將買賣標的物帶往世界的任何地點，結果將加諸出賣人不可預見的負擔。雖然如此，本題有其特殊性，因為 A 是在觀光地墾丁購買該具有特殊地標造型的銀行燈，由此可知，契約是針對外地的觀光客而成立，因此觀光客將標的物攜回自己的處所，自是符合契約意義，也應可以被出賣人所預見，因此本題擬答認為，本題的契約解除後的標的物返還清償地是在臺南，理應由出賣人前往臺南取回，才是合理，因此 A 終究可以對 B 成立無因管理。

結論：A 可以向 B 請求償還 600 元運費。

2.消保法第 19 條

⑴清償地

至於如果買受人是根據消保法第 19 條第 1 項的七天解除權，解除契約，則按上述原則，返還標的物的清償地，似應以當初契約的清償地為準才是。

一般而言，因為網路買賣是屬於民法第 374 條的「寄送買賣」❸❷，出賣人僅負有將標的物送交給運送人的行為義務，換言之，契約的清償地應是在寄送人處所，故本題似乎買受人應負起寄送的運費才是。

但消保法第 19 條第 1 項卻有特別規定，清楚表明：買受人「無須負擔任何費用」，由此可知，**買受人根據消保法第 19 條第 1 項行使七天解除權，返還所受領標的物的清償地是在買受人的處所**，且根據新修訂的消保法第 19

除契約，並請求出賣人必須將置於屋頂上的其餘紅磚取回。但出賣人堅持自己只負將紅磚由地面取回的義務，而不負將紅磚由屋頂上取回的義務。德國聯邦最高法院判決認為，買受人購買紅磚的目的，既然是要蓋屋頂，因此有瑕疵的紅磚現置於屋頂上，自是符合契約目的，故出賣人負有自屋頂取回紅磚的義務。

❸❷ 參閱例題 11 的【題後說明】。

條之 2 規定，買受人只要以書面通知出賣人解除契約，出賣人即負有義務至原交付處所或約定處所取回商品，而不能要求買受人要將標的物寄回。

結論：B 負有到 A 的處所將標的物取回的義務。

⑵價金危險

實務上不乏在消費關係的通訊買賣情況，雙方當事人會約定，由出賣人附上郵資，而由買受人將標的物寄回。如此約定，本題擬答以為，尚無違反消保法第 19 條之 2 之處，因為條文清楚表示，不排除雙方可以約定取回的地點，容許契約自由的商議空間，更何況消保法第 19 條第 4 項也清楚說明，買受人可以直接將標的物寄回，以解除契約。

問題在於，若在 A 委由運送人寄回銀行燈的途中，發生意外滅失的情況，是否會影響 A 的價金取回？換言之，B 可否主張因不可歸責雙方當事人，致買賣標的物返還不能，因此 B 也就免返還價金義務（民法第 261 條規定準用民法第 225、266 條）。對此，本題擬答以為，參照消保法第 19 條第 4 項規定：「消費者於第一項及第三項所定期間內，已交運商品或發出書面者，契約視為解除」，及消保法第 19 條第 1 項規定：買受人「無需負擔對價」，可知**價金危險應由出賣人負擔**，而無民法第 225、266 條準用之餘地才是。

結論：透過網路的通訊買賣，亦是由出賣人負擔契約解除後的標的物返還運送費用，且價金危險也由出賣人負擔。

例題 30【網購瑜珈課程】——契約的解除⑵

A 是上班族，因上班工作壓力大，自覺筋骨逐漸僵化，因此上網購買了 20 小時的瑜珈課程。但因 A 未認真上課，半年僅上了 5 個小時，就認為網球課或許更有幫助，因此想以書面解約，但瑜珈老師 B 不同意，因為定型化契約已經約定，學員上滿 5 個小時，即不能解約，更何況原本瑜珈一小時課程須費 1000 元，A 一次預定 20 小時，已經給予特價 16000 元，因此若 A 要解約，必須償還 5000 元的上課費用。但 A 堅持解除契約，且只願意償還 4000 元費用。誰有道理？

說明

消保法第 19 條第 1 項的七天解除權，原先並未限制交易客體，導致在實務上確實會發生不合理的情況，因此立法院在民國 104 年大幅度修正消保法第 19 條，對於網路交易影響頗大。礙於篇幅關係，本書只能就有限的問題為練習。

擬答

A、B 間的瑜珈課程契約，是一種勞務的給付，屬於民法第 482 條的僱傭契約。而本題 A 若欲在僱傭契約有效成立後，主張解除契約，可能考慮的解除原因，應是消費者保護法第 19 條第 1 項的七天解除權。要件檢查如下：

1.解除權客體——通訊交易

根據消保法第 19 條第 1 項規定：「通訊交易或訪問交易之消費者，得於收受商品或接受服務後七日內，以退回商品或書面通知方式解除契約」。本題 A 以網路訂約，自屬通訊交易無疑（參照消保法第 2 條第 10 款），而且在民國 104 年尚未修訂消保法第 19 條前，通訊交易的消費者七天解除權，並未限制任何的交易客體，故衍生許多爭議。為此，立法院增訂消保法第 19

條第 1 項但書及第 2 項：「但通訊交易有合理例外情事者，不在此限。前項但書合理例外情事，由行政院定之」。而根據行政院所發布的「通訊交易解除權合理例外情事適用準則」第 2 條所列舉的排除適用消保法七天解除權的交易客體計有：

一、易於腐敗、保存期限較短或解約時即將逾期。

二、依消費者要求所為之客製化給付。

三、報紙、期刊或雜誌。

四、經消費者拆封之影音商品或電腦軟體。

五、非以有形媒介提供之數位內容或一經提供即為完成之線上服務，經消費者事先同意始提供。

六、已拆封之個人衛生用品。

七、國際航空客運服務。

但觀上述所列舉的交易客體，對於服務（勞務）項目的規範，卻僅有國際航空客運服務一項，至於其他服務項目，如何適用七天解除權，則須依同準則第 3 條加以判斷：「通訊交易，經中央主管機關依本法第十七條第一項公告其定型化契約應記載及不得記載事項者，適用該事項關於解除契約之規定」❸。只是消保法第 19 條第 5 項卻又明白規定，通訊交易違反七天解除權之約定者，無效。據此，本題擬答以為，本題 B 終究無法以定型化契約排除消費者的七天解除權，因此不排除本題 A 即使在上過 5 小時的課程後，仍可主張消保法第 19 條第 1 項的七天解除權。然此種將服務項目的通

---

❸ 消保法第 17 條規定，主管機關「得選擇特定行業，擬訂其定型化契約應記載或不得記載事項」，作者以為已是過度積極干預契約自由，造成國家管制自由經濟市場的形成，既不利經濟發展，有時結果反而也不利消費者。因為一般業者都會遵照中央機關所制訂的範本行事，而極少會再提供更優惠的條件給消費者，等同國家變相幫業者形成合法的「聯合行為」，值得立法者再省思。典型的例子即屬行政院所公告的汽車買賣定型化契約範本，限制消費者購得瑕疵汽車時，不能輕易根據民法第 364 條主張更換汽車，而只能請求修繕。

訊交易納入七天解除權的範圍，使得已受領服務的消費者，仍可主張解除契約，立法是否合理，不無疑問❸❹。

2.解除權起算期間

通訊交易的消費者享有七天解除權。至於七天的起算時期，消保法第 19 條第 1 及第 3 項規定：「得於收受商品或接受服務後七日內，以退回商品或書面通知方式解除契約」，「企業經營者於消費者收受商品或接受服務時，未依前條第一項第三款規定提供消費者解除契約相關資訊者，第一項七日期間自提供之次日起算。但自第一項七日期間起算，已逾四個月者，解除權消滅」。

本題題意並未說明，B 有提供消費者 A 相關的契約解除資訊，因此七天解除權應自提供解除資訊之次日起算。只是因為事過半年，故應適用消保法第 19 條第 3 項但書：「但自第一項七日期間起算，已逾四個月者，解除權消滅」。問題是，所謂「第一項七日期間起算」，本應是指「接受服務後，已逾四個月」，但本題的服務是屬於**繼續性供給契約，應如何認定「接受服務後，已逾四個月」**，就不無疑問。有認為對於繼續性供給契約，七天解除權的起算時點，應以最後一次接受服務（商品）才開始起算，因為消費者只有在接受全部服務（商品）後，才能得知好壞，才能決定是否要解除契約，如此則本題 A 仍可以主張解除權；但也有認為應自第一次接受服務（商品）就開始起算，因為服務（商品）的好壞，往往第一次接受後就知曉，而無須直到最後一次，以避免過長的繼續性供給契約，導致出賣人陷於不確定的交易狀態，不利交易安全，如此則本題 A 就不能再主張解除權。

對此爭議，兩說各有論點，本題擬答以為應視繼續性契約所供給的客體而定❸❺。如果類型、內容差異性不大的客體，例如定期供應同品牌的牛奶，

---

❸❹ 德國民法 §312 d III Nr. 2 規定，只要服務一開始，消費者就不能再主張解除契約，值得參考。

則就應以第一次接受供給時起算；但如果每次所供給客體類型及內容差異性過大，解除權的起算時點，就應以最後一次的供給時為準，例如分期寄送鋼彈模型組裝零件。以本題的瑜珈課程而言，原則上每次的上課內容及難度都不盡相同，因此本題擬答傾向認為，解除權的起算時點，應以最後一次的上課為準。

3.解除的範圍及效果

至於繼續性供給契約的解除範圍，乃是必須就全部的給付為解除，抑或是僅須就個別的給付為解除即可，消保法並無規定。參照民法第 363 條第 1 項規定：「為買賣標的之數物中，一物有瑕疵者，買受人僅得就有瑕疵之物為解除。其以總價金將數物同時賣出者，買受人並得請求減少與瑕疵物相當之價額」，可知立法者原則上認為可以**分別解除**（個別解除），似乎 A 也可以主張僅就接下來的 15 小時課程為解除，故自己僅須就先前的 5 小時課程，根據價金比例返還 4000 元價額即可（參照民法第 259 條第 3 款）。但須注意民法第 363 條第 2 項規定：「前項情形，當事人之任何一方，如因有瑕疵之物，與他物分離而顯受損害者，得解除全部契約」，由此一規定，可知立法者認為，**若個別解除將影響契約當事人利益時，即不可個別解除。**依此，本題擬答以為，本例如果個別解除，致使 A 僅須返還 4000 元的特價給 B，顯然不利於 B，因為特價僅在一次訂立 20 小時的課程，才能享有，因此本題 A 僅能主張全部解除，並就已經受領的 5 小時瑜珈課程，返還 5000 元的一般相當價額。

結論：A 可以主張解除契約，但必須返還 5000 元給 B。

㉟ 參閱 Palandt/Grüneberg, 67. Aufl., §312 d Rdn. 4。

第二章
損害賠償

例題 31【多災多難的車禍受害人】❶──因果關係理論

A 開車過失撞傷 B 的右臂，招呼救護車送醫。因路樹倒塌而壓毀救護車，導致 B 的左手臂骨折。送醫急救時，又因醫師的一般醫療過失，致使 B 受感染，因而多支出二萬元醫藥費。此外，因醫院廁所積水，B 不慎摔倒受傷。問：B 得以向 A 主張如何的損害賠償？

說明

因故意或過失不法侵害他人權利者，必須負起侵權行為損害賠償責任。在進入本章節的損害賠償計算問題討論前，學習者必須先掌握，惟有和損害發生具有因果關係者，行為人始負有賠償責任，而因果關係理論眾多，值得學習者注意。

擬答

本題 A 開車撞傷 B 的右臂，對此部分的損害賠償，自無疑義。但 A 是否必須對之後的一連串事件所衍生的傷害負起賠償責任，就不無疑問，端視此等損害結果是否可歸責於 A？即 A 的開車過失行為，是否和之後一連串導致身體法益受傷害的事件，具有（**責任成立**）因果關係？分別討論如下：

1.B 左手臂受傷

⑴條件理論

因果關係的判斷，首先以「條件理論」為出發：即如果行為人的行為對於侵害結果的發生，是不可想像不存在，則行為和傷害結果之間，就具有因果關係。在條件理論之下，自然本題 A 的開車過失行為，就是導致 B 左手臂受傷的原因。

---

❶ 其他相關的損害賠償問題，可以參閱劉昭辰，債法總論實例研習──法定之債，例題 45 以下。

⑵相當因果關係理論

為避免條件理論過於擴大因果關係，因此學說尚以「相當因果關係理論」來限制因果關係：即行為不僅為導致傷害結果發生的原因，尚且必須是適當的原因，行為人始負賠償責任。而所謂「適當」是指結果的發生，並非是基於特異而幾乎不可能的情況；若結果是因其他通常在事務正常進行中不會被考量之情況而發生者，即非適當的因果。至於行為和傷害結果之間是否適當，應以第三人客觀立場加以判斷，例如本題如果因救護車在合法闖紅燈時，被其他車輛撞上，導致 B 又受傷，則應該認為即在相當因果關係中，因為救護車在疾駛過程中，本就易發生危險，自可為一般人所合理想像。至於路樹倒塌，雖非完全出乎意料之外，尚屬在生活經驗範圍之內，但相當因果關係所追究的不是生活經驗的統計數據上的因果（所謂「**統計上的因果關係**」），而是一種價值判斷❷，依此，如果車禍行為人也必須為不相干的路樹倒塌而負責，已經超乎一般人的想像之外，勢必會引起一陣驚訝，故應認為不具相當因果關係。

2.醫師的醫療過失

至於醫師的醫療過失有無在相當因果關係之內，就不無爭議。或許會有認為，車禍行為人自不須為別人的傷害行為負責，本題醫師應就自己的醫療過失負責，但本題擬答以為，醫師在醫療行為中發生醫療過失，應是在一般可以想像並預見的生活經驗範圍之內，因醫療行為就不可避免地會有醫療風險發生，且本題 B 之所以必須接受醫療風險，實是肇因於 A 的車禍行為之故，因此價值判斷上，自具有合理的相關性，故 A 自應須對 B 接受原本不必要的醫療風險負起責任。但必須強調，A 也僅須就一般醫療風險負責即可，若是因為醫師的故意或是重大過失所引起的醫療過失，就已經超出一般的醫療風險，則就應由醫師自己單獨負責。

---

❷ BGH NJW 76, 1143.

3.不慎摔傷

(1)相當因果關係

B 在醫院接受醫療時，不慎在醫院廁所摔傷。以一般生活經驗而言，尚也在可以預見的範圍之內，也非是讓人感到極度意外的情況，故應和 A 的車禍行為具有相當因果關係。

(2)條文目的性保護理論（不法性關連理論）

在德國實務及學說上，逐漸發展出「條文目的性保護理論」，以進一步限制行為人的責任。依該理論，傷害結果必須是在條文所保護的範圍內，行為人始須負起責任，至於條文所欲保護的範圍為何，則須透過解釋，始能得知，典型例如駕駛將汽車停靠路邊，未注意而打開車門，如果因而導致後方機車騎士撞上車門受傷，駕駛自必須負起損害賠償責任；但如果是因而導致逆向行駛的機車騎士受傷，則因為汽車駕駛必須小心打開車門的法律目的是在保護後方來車，並不具保護逆向來車的目的，故汽車駕駛不須對逆向行駛的機車騎士受傷負責。

以本題而言，問題在於：侵權行為保護一般人的身體法益，不受汽車駕駛的侵害，有無包括避免受到上述的醫療過失風險？及本例的避免受害人 B 在醫院因地滑而受傷的危險？對前者，本題擬答採肯定態度，對於後者則採否定態度，因為 B 因地滑而滑倒受傷，屬於平常人在任何時間、地點都有可能發生並要承受的一般生活風險，故不在交通法規所要特別保護的範圍內，然醫療風險非一般生活風險，而是先受車禍傷害之人才必須接受醫療風險，故仍在交通法規的身體法益保護範圍內 ❸。

---

❸ 因此有學說認為，既然在討論相當因果關係後，都要再次討論條文目的性，可見條文目的性理論應全面取代相當因果關係理論：參閱 Lange, JZ 76, 198。但其實兩者是各有功能，相輔相成，而不能被取代，參閱：王澤鑑，侵權行為法㊀，2005 年 1 月出版，第 252 頁。例如上述駕駛將汽車停靠路邊，未注意而打開車門，導致逆向機車騎士撞上車門受傷，因為一般而言，騎士逆向行駛，應屬違法異常之情形，故本

結論：A 必須為 B 的右臂受傷及醫療過失負責，但無須為左臂受傷及滑倒負
　　　責。

【題後說明】

1. 條文目的性保護理論也經常被用在醫師說明義務違反的討論上。例如醫師
按說明義務，本應告知病人痔瘡手術會有感染的風險，卻未告知，而病人
發生不可預見的因感染而死亡的情況，本例病人因感染而死亡，仍在當初
「告知感染風險」的說明義務保護範圍內，因為說明感染風險，就是要讓
病人能基於自我決定權，決定是否接受手術感染所可能引發的風險，故即
使因痔瘡手術感染而死亡，屬於異常而不可預見，卻仍在感染風險範圍內，
僅嚴重程度不同而已 (plus)，故醫師也必須對不可預見的感染死亡風險負
責。但如果醫師未向病人說明照胃鏡的嗆傷風險，病人卻於照胃鏡時發生
不可預見的胃穿孔意外死亡，明顯病人因完全不同於嗆傷風險的原因而死
亡 (aliud)，故不在當初嗆傷風險說明義務的保護範圍內，因此醫師不須負
責。

2. 條文目的性理論也適用於契約的解釋。例如 A 向 B 承租房子，開設服飾
店。雙方租賃契約明訂，A 若要裝潢必須先取得 B 的同意，否則必須賠償
房子受損的違約金。但 A 卻在未取得 B 的同意下，即刻裝潢。後因裝潢工
程的意外，導致房子燒毀，礙於民法第 434 條之規定，B 欲根據契約約定，
向 A 請求違約金賠償。只是經由契約解釋，房東 B 之所以要求房客在裝潢
前，需先徵得同意，其目的是要檢視裝潢的範圍及程度，是否會導致房子
受損，而非在避免因裝潢工程的意外導致房子受損，因此本例房東 B 尚無

就可以依相當因果關係而否定汽車駕駛的賠償責任，但或許會有人質疑機車逆向行
駛，在臺灣尚屬一般常見，故屬符合生活經驗而非異常的情況，因此尚難以相當因
果關係否定汽車駕駛的責任（當然作者不能認同如此的抗辯），此時就可以進一步以
「條文目的性理論」加以補充，而終究否定汽車駕駛的責任。

得根據本條租賃契約約定，向房客 A 主張違約金賠償。

3. 此外民法第 347 條寄送買賣所引起的瑕疵危險負擔移轉，也必須注意「條文目的性保護」。例如苗栗果農和高雄消費者約定「寄送買賣」，並將已完全成熟，賣相漂亮的草莓交由貨運公司運送，但草莓經過兩天的運送，送至高雄消費者手上卻已經過熟，甚至腐爛，則果農不能主張因已將無瑕疵的草莓送交運送人，故根據民法第 347 條瑕疵危險負擔改由買受人承擔，因為該條文所保護者，僅針對典型的運送風險，例如運送中發生車禍或是搬運的疏失，始有適用。本例的瑕疵危險負擔移轉，仍以適用民法第 373 條所規定的「交付」於高雄消費者為時點為妥。

4. 作者在《債法總論實例研習——法定之債》一書的例題 45 中，曾認為懷孕母親只須主張「身體法益」未受保護（身體完整性未受保護），即可以請求醫師必須賠償因疏失而未能及時檢查出胎兒唐氏症，故而未能及時對母親實施人工流產，所造成的損害賠償，而無須再發展「母親本身得決定施行人工流產之權利**（墮胎自由的一般人格權）**」受侵害，以符合「一般人格權」的「補充性原則」。

但經作者事後細想，母親「身體法益」受侵害的損害賠償保護範圍，按保護目的性觀之，實僅指身體法益因受侵害，而導致受害人為回復身體完整性所發生的損害而已，例如醫藥及看護費用，而不應包括額外所發生的費用支出賠償，例如唐氏症小孩的特殊教養費用支出。按此法益保護目的性觀之，在「身體法益」之外，再發展「墮胎自由的一般人格權」，賦予母親可以請求因而所必須多支出小孩扶養費用的損害賠償，自有其必要❹，因此作者放棄之前意見，而贊同最高法院 92 年臺上字第 1057 號判決及陳忠五教授意見❺。

5. A 藥廠和 B 藥廠個別獨立製造有副作用的藥品，販售於市面。病患 C 因為

---

❹ 但醫師未能檢查出病患腫瘤，則仍是侵害病患的「健康法益」，而無須再發展病人「手術自由決定一般人格權」。

❺ 陳忠五，月旦法學雜誌，第 131 期，第 137 頁。

服用此種藥品受害，卻無法證明所服用為 A 藥廠或是 B 藥廠所生產的藥品，一時之間，損害賠償請求陷於困難，但美國法院卻判決 A、B 藥廠必須各依其藥品市占率，對 C 為個別賠償❻。就因果關係理論而言，該判決乃以「統計學」為基準，決定傷害結果的因果關係及賠償責任，故被稱之為「統計上的因果關係」，並不符合因果關係理論重在「究責上的價值判斷」，因此結果造成在欠缺積極因果關係的證明下，僅以統計上些許懷疑而不合理架構行為人的賠償責任，例如吾人可以試想，如果有 200 家藥廠，其中一家小藥廠僅占 1% 的市占率，亦必須因而被認定對病患的服藥傷害具有 1% 因果關係？並須負起 1% 賠償責任？不無疑問，因此作者以為，不應輕易適用「統計上的因果關係」於損害賠償責任的認定上。至於本例能否適用我國民法第 185 條第 1 項後段？則尚待進一步的事實及要件的檢視及討論，不宜一概輕易認定，故建議本例仍應回歸藥害救濟制度為宜。

6. 「統計式因果關係」，違反現行民法的因果關係理論及所衍生的「全部賠償原則」，原不可採，但卻被證券交易法第 20 條之 1 第 5 項，明文立法承認：「第一項各款及第三項之人，除發行人外，因其過失致第一項損害之發生者，應依其責任比例，負賠償責任」。作者以為，此一僅專針對會計師責任減輕的「統計式因果關係」立法，是一恣意性立法，已然違反憲法平等原則，而有違憲之虞。

---

❻ 參閱王澤鑑，侵權行為法㈡，2006 年 7 月出版，第 50 頁。

例題 32【摔裂新手機鏡面】──金錢賠償

A 研究生因為喜愛同學 B 剛買的新款水果手機，故向其借來試用，約定隔天返還。A 當天使用後，頗為滿意，故自己也訂購同型水果手機一支，但必須排隊預購。

隔天 A 上學卻忘記帶手機還給 B。後天 A 騎機車將手機帶出門，卻因公車司機過失，發生車禍，手機鏡面摔裂。A 向 B 表示，願意將手機帶到門市更換鏡面，但 B 認為自己的手機才剛買三天，因此表示不接受。A 只好表示願意以自己新訂購的手機償還，但 B 也不接受，堅持 A 必須賠償手機原價。A 認為自己預購的手機為全新未開封使用，僅因 B 不喜歡該顏色而不肯接受，實在無理。兩人僵持不下，期間因水果手機暢銷缺貨，以致價格大漲。誰有道理？

說明

民法損害賠償原則是回復原狀，而回復原狀又可以分成「自然回復原狀」及「金錢賠償」。本題 A、B 兩人即是在爭執究竟賠償義務人應以「自然回復原狀」或以「金錢賠償」方式回復原狀。

擬答

B 可以向 A 根據民法第 227 條第 1 項的不完全給付、民法第 229 條第 1 項及第 231 條第 2 項，請求損害賠償，自無疑義。然 B 如何請求賠償內容，必須根據民法第 213 條以下的損害賠償原則，加以決定：

1.自然回復原狀

民法的損害賠償以回復受害人原先的法益狀態為原則，故而**民法第 213 條第 1 項**規定，賠償請求權人可以請求賠償義務人以「自然回復原狀」的方式賠償給債權人，以本題為例，因為 B 的手機僅是鏡面受損，尚有修復可

能，因此 B 只能請求 A 必須將手機帶到門市更換受損的鏡面。必須強調，如果可替代物全毀，交付其他的替代物，也是自然回復原狀的方式，然本題 B 的手機只是鏡面受損，尚非達全毀狀態，故 B 無法請求 A 賠償新手機作為替代物。

2. 金錢賠償

但「自然回復原狀」並非是民法唯一規範的賠償方式。在以下情況，民法容許賠償請求權人可選擇向賠償義務人主張以金錢賠償：

⑴回復性金錢賠償──民法第 213 條第 3 項

民法第 213 條第 3 項規定：「第一項情形，債權人得請求支付回復原狀所必要之費用，以代回復原狀」，依此，受害人無須信賴加害人的「自然回復原狀」能力，而可改向加害人**請求賠償自然回復原狀所必須的金錢，以代「自然回復原狀」**，稱之為「回復性金錢賠償」。因此本題即使 A 誠懇有意要將手機帶到門市更換鏡面，但 B 卻仍可以加以拒絕，而要求 A 必須以金錢為賠償，但僅限於手機鏡面更換的修理費用賠償而已，而非賠償新手機的價錢。

⑵替補性金錢賠償

a. 民法第 196 條

民法第 196 條規定：「不法毀損他人之物者，被害人得請求賠償其物因毀損所減少之價額」（替補性金錢賠償），然該條文是針對侵權行為，並不適用於本題的債務不履行。

b. 民法第 214 條

民法第 214 條規定：「應回復原狀者，如經債權人定相當期限催告後，逾期不為回復時，債權人得請求以金錢賠償其損害」，本條文賦予賠償請求權人在一定要件下，可改**向賠償義務人請求賠償標的物因侵害行為所減損的價值**，稱之為「替補性金錢賠償」，其損害賠償的回復原狀目標及數額和「回復性金錢賠償」自然不同❼。只是本題 A 已答應修復

更換手機鏡面，故而民法第 214 條就不成立。

c. 民法第 215 條

aa. 商業性價值減損

民法第 215 條又規定：「不能回復原狀或回復顯有重大困難者，應以金錢賠償其損害」，本條亦屬於賠償因標的物受損所減損的價值，也是一種「替補性金錢賠償」，但因本題手機僅鏡面毀損，且可以更換，故屬自然回復原狀尚有可能，故似乎 B 尚無法根據本條向 A 主張賠償手機因鏡面受損所減損的價值。但即使在手機鏡面被更換後，是否就可回復到原本手機的價值？特別是 B 的手機是新購，則不無疑問。本題擬答以為，應可以認為市場會反映一個新手機鏡面因被更換後而產生的價值減損（所謂「商業性價值減損」），故不會因新手機鏡面被修復，即回復原先手機價值的經濟狀態，而此一價值減損部分是無法被回復的，故構成民法第 215 條條文所謂的「不能回復原狀」，因此不排除 B 可以就此一部分繼續向 A 請求「替補性金錢賠償」❽。

bb. 價值認定時點

必須強調，此種「商業性價值減損」的金錢賠償，不以損害賠償請求權人主觀上有無出售標的物的意圖為必要❾。若損害賠償請求權人主觀上有意圖出售標的物，則賠償義務人當然應就該出售價值為賠償（所謂「主觀價值」❿，並參照民法第 216 條第 1 項），但如果損害賠償請求權人主觀上無意出售標的物，則標的物本身的客觀價值（市

---

❼ 通常「回復性金錢賠償」（即修理費用）會高於「替補性金錢賠償」（物所減損價值），參閱例題 33。但陳啓垂教授（民法債編總論實例研習，第 340 頁）似乎有不同意見，其認為民法第 196 條與民法第 213 條第 3 項可以達到相同效果。

❽ 吾人也可以想像，實務上非常重要的汽車因車禍受損，即使修復後，但卻仍無法回復應有的價值，而被列入「事故車」，就此價值減損部分，車主當然也可以請求損害賠償。

❾ 參閱 Palandt/Heinrichs, §251 Rdn. 19。

❿ 學者則多稱之為「特別價值」：參閱陳啓垂，民法債編總論實例研習，第 349 頁。

價），就是損害賠償的最低數額。而「商業性價值減損」乃在填補物之客觀價值，故即使損害賠償請求權人主觀上無意圖出售標的物，亦可以請求「商業性價值減損」的金錢賠償。惟爭議在於：物之客觀價值的認定時點，如何決定？

①最高法院意見

最高法院 64 年第 6 次民庭總會決議認為：「物因侵權行為而受損害，請求金錢賠償，其有市價者，應以請求時或起訴時之市價為準。蓋損害賠償之目的在於填補所生之損害，其應回復者，並非『原來狀態』，而係『應有狀態』，應將損害事故發生後之變動狀況考慮在內。故其價格應以加害人應為給付之時為準，被害人請求賠償時，加害人即有給付之義務，算定被害物價格時，應以起訴時之市價為準，被害人於起訴前已曾為請求者，以請求時之市價為準。惟被害人如能證明在請求或起訴前有具體事實，可以獲得較高之交換價格者，應以該較高之價格為準。因被害人如未被侵害，即可獲得該項利益也」。

②德國學說意見

按德國學說意見，損害賠償的物之客觀價值的時點認定，須嚴格區分成實體法上及訴訟法上的時點。**實體法上的時點**認定是指：對損害賠償額度認定具有關鍵性的時點。對此，有認為應以物被修繕完畢時為準，也有認為應以物受損害時為準**⓫**，今日通說**⓬**則是認為應以**「損害賠償義務履行時」**為準，因此如果賠償義務人無爭議的自願賠償時，就應以賠償義務人給付金錢時為準**⓭**，因為此時乃最接近回復受害人應有的利益原狀的時點，故一旦賠償義務人為賠償給付時，標的物價格已大漲，賠償義務人也須以此高價額為賠償，當然如果標的物價格

⓫ 我國學者孫森焱教授即採此說：參閱民法債編總論（上），第 452 頁。

⓬ BGH NJW 1981, 2065; 2007, 67 Tz. 16.

⓭ 參閱 Jauernig/Teichmann, vor §249 Rdn. 55，並比較最高法院意見，是以「請求」時為準。

跌落，賠償債權人（即受害人）也僅能接受較低的賠償數額。

訴訟法上的時點認定，乃指一旦損害賠償爭議進入訴訟，法官認定影響標的物價格變動可能性因素的最終時點，一般以為應**以言詞辯論終結時為準**❶。因此法官直到言詞辯論終結前，可將所有會影響標的物價格變動的因素，於決定損害賠償數額的判決中加以考慮，例如本題在言詞辯論終結前，如果已經可以預見水果手機修理費及價格，將會繼續飆漲（或下跌），則法官自可在損害賠償數額判決上，加以反映，但對於在言詞辯論終結後，始得可知的影響標的物價格的因素，則不在法官的考量範圍，例如水果手機價格一直到言詞辯論終結後，才因特定因素開始上漲或下跌。只是近日學說❶也強調，在言詞辯論後所發生不可預見的微幅漲跌，自不須理會，但若是發生重大的漲跌，即使判決已經確定，當事人仍具正當化理由，可以另行提起訴訟，請求追加或是返還。

結論：B 只能向 A 主張賠償手機鏡面更換的費用及手機因修繕所減損的價值。

【題後說明】

損害賠償請求權人可能必須承受標的物價格跌落的風險，為避免此一風險，損害賠償請求權人在尚未由賠償義務人獲得金錢賠償前，建議有兩種作法：可以尋求有無買家願意以高價收購標的物，再向損害賠償義務人請求賠償所失利益（參照民法第 216 條第 2 項），或是在標的物高價時，向損害賠償義務人為遲延催告，使之陷入給付遲延，即使之後標的物價格跌落，損害賠償請求權人仍可以根據民法第 231 條第 1 項，向賠償義務人主張價格跌落所生的遲延損害賠償❶。

---

❶ 參閱 BGH NJW 1953, 977; 2004, 445，並比較最高法院意見，是以「起訴」時為準。

❶ Staudinger/Schiemann, vor §249 Rdn. 80.

❶ 參閱 Soergel/Mertens, §249 Rdn. 50。

例題 33【車子撞壞自己修】——損害賠償的抽象及具體計算

A 一部市價 100 萬元的汽車，被 B 不慎騎機車嚴重撞毀。

1. A 得否一方面請求 B 必須賠償修車費用 10 萬元，另一方面卻將受損的汽車以 93 萬元折價給車商，換購新車？

2. 因為 A 自己開修車廠，故利用閒暇時間自行修理。A 如何對 B 請求賠償？

說明

根據民法第 213 條第 3 項規定，損害賠償請求權人可以請求修繕費用賠償，而在實務上，有時修繕費用認定不易，本題即對此練習，而學習者也可以發現，其間的法律理論及爭議，都值得一再細讀。

擬答

1. 舊車折換新車

根據民法第 213 條第 3 項規定，損害賠償請求權人可以向賠償義務人請求賠償回復受損汽車原狀的必要費用，即修繕費用的賠償。實務上，汽車的修繕費用，可能依各車廠而不盡相同，基於受害人不應擴大損害的與有過失原理（參照民法第 217 條），只要修繕具有相同結果，損害賠償請求權人應選擇一般修車費用，如果損害賠償請求權人選擇費用較為昂貴的車廠修繕，也僅能請求一般的修繕費用賠償。

此外，實務上車商往往以「舊車換新車」為號召，吸引車主購買新車，此種以舊車折算一定價額換購新車之方式，屬於**民法第 319 條的「代物清償」**一種[17]。問題是在於：就損害賠償法而言，本題 A 在將汽車折價給車商後，是否仍可以請求一般修車費用 10 萬元？抑或只能請求 7 萬元的汽車毀損的價值減損賠償？前者乃根據民法第 213 條第 3 項，後者則依民法第

---

[17] 參閱例題 43。

215 條。

(1)自由處分原則——抽象計算❸

此說認為，即使 A 已經將汽車折價給車商，A 仍可以請求一般的修車費用，其理由在於損害賠償數額計算，並非以賠償請求權人事實具體上所產生的損害數額為準，而以賠償債權人依民事損害賠償法所應能主張之損害額為準，故稱之為「抽象計算」。**依損害賠償的「抽象計算」，只要賠償義務人依民事損害賠償法計算出賠償數額，並為之賠償後，雙方當事人的損害賠償之債即告消滅，至於賠償請求權人如何運用賠償金，則非賠償義務人可以過問。換言之，賠償請求權人對賠償金具有自由處分之權限。**在「抽象計算」下，本題 A 可以向 B 請求 10 萬元的修車費用，至於 A 有無將該筆賠償金用於修車，則在所不問。更甚者，在賠償義務人依「抽象計算」給付賠償金後，損害賠償之債即告消滅，因此賠償義務人對事後賠償請求權人所再衍生之損害，也無應負責；同樣地，如果賠償請求權人事後事實上的損害低於賠償給付，則賠償請求權人也不負返還義務，故本題即使 A 未將賠償金用於修車，而是將受損的汽車以 93 萬元折價賣給車商，事實上僅發生 7 萬元損害，也不妨礙 A 可以保有 10 萬元的修車賠償金，而無須返還 3 萬元給 B。

(2)目的性拘束——具體計算❹

此說認為，根據民法第 213 條第 3 項原文，賠償請求權人只能請求回復原狀的「必要」費用，即事實上所發生的損害而已，稱之為「具體計算」。按此說意見，**民法第 213 條第 3 項的金錢賠償，須依個案事實上的支出為認定，條文「必要費用」的賠償具有目的性拘束效力，限於個案事實上的具體損害賠償，不能將之挪用他途，即賠償請求權人對於民法第 213 條第 3 項的金錢賠償，不具自由處分權限。**換言之，如果 A 請求一般修車費用賠償，就僅能將之用於修車，而不能改折價出售給車商。因此本題 A 將受損

---

❸ BGHZ 97, 14.

❹ Köhler, FS für Larenz (1983), S. 349.

的汽車折價給車商，致修車回復原狀不能，則 A 就不能請求 10 萬元的修車費用賠償，而僅能依民法第 215 條請求汽車所減損價值的賠償，即 7 萬元賠償。如果 B 已經給付 10 萬元修車費用給 A，則 B 可以根據民法第 179 條的給付型不當得利，請求返還 3 萬元。

(3)擬答意見

對此爭議，本題擬答採目的性拘束之「具體計算」，因為在損害賠償回復原狀的思維下，損害的計算既採「差額說」，則損害的額度也應以具體計算為原則，以受害人事實上所發生的損害為賠償額度。損害賠償具體計算為動態觀點，觀察損害的內涵，換言之，即使賠償義務人已為賠償給付，損害賠償之債並未終極確定而消滅，雙方債之關係仍須視事後損害發展而定，始能終極確定損害範圍，僅事實存在的法益差額才是損害賠償範圍。此外，唯有損害賠償的具體計算，才符合回復原狀的目的，避免賠償請求權人藉損害賠償牟取利益，本題即是一例，因為如果採「抽象計算」，結果將使 A 額外獲得 3 萬元利益，已超出損害賠償僅在回復受害人原有法益狀態的思維，不符合損害賠償原理。

另外必須強調的是，如果**針對非財產上的金錢賠償，則學說一概無爭議的認為應採目的性拘束之「具體計算」**。例如路人被機車撞傷，機車騎士賠償 5000 元的醫藥費，如果事後路人並未就醫而痊癒，則必須根據不當得利規定，將賠償金返還於機車騎士，否則若依自由處分原則之「抽象計算」，結果不啻同意路人以身體法益換取金錢，不合於法律的價值判斷。

結論：在具體計算下，A 只能請求 7 萬元的汽車價值減損賠償。

2.自行修繕

如上所述，對於損害賠償的計算方法，本題擬答採具體計算，依此本題 A 自己修繕汽車，似乎也就僅能請求事實上所支出的材料費用及勞務支出的賠償，而非一般修車廠的修車費用賠償。然在回復原狀的思維下，固然損

害賠償應採具體計算，卻不排除在符合損害賠償的價值判斷下，改採「抽象計算」，本題即是一例，因為如果本例採具體計算，則 A 僅能請求數額較少的損害賠償，結果將減輕 B 的賠償責任，但 B 的損害賠償責任之所以被減輕，是因 A 付出勞力的結果，然 A 付出勞力是為自己利益，如果 B 據以當成自己損害賠償減輕的理由，顯不合理。試想：如果 A 不是自己修車，而是交由一般車廠修車，B 自然須賠償該一般車廠的修車費用，但如果 A 辛勤付出勞力自己修車，B 卻被減輕損害賠償責任，則不再有人會自己修車，B 也不會有任何的利益，可見 B 不宜因 A 自己修車而減輕賠償責任。

必須強調，固然根據民法第 217 條的「與有過失」原理，受害人應盡其力，力求損害不致擴大，如有違反，受害人的損害賠償數額必須被減免。但本題即使 A 自己開修車廠，雖不排除自己確實具有修車能力，但賠償請求權人 A 並無義務必須付出自己的勞力自行修繕，以減少賠償義務人 B 的賠償責任，蓋此一主張實已超出與有過失的合理要求之故[20]。

結論：A 可以請求一般修車費用賠償（包括營業稅），及汽車因修理所減損的商業價值。

【題後說明】

1. 本題要強調，民法損害賠償的原則是「回復原狀」，因此以「差額說」具體計算損害賠償數額，為應有的損害賠償態度。但不排除在合於價值判斷下，損害賠償的計算應改採抽象計算，例如在自己修車的案例，基於「賠償請求權人的自己勞力付出，不應因而減輕賠償義務人責任」的理念，就應有不同的計算。再例如因車禍受傷的傷患，在住院期間由親人照料，故而免支出看護費用，是否仍可對加害人主張看護費用的支出賠償？最高法院 59 年臺上字第 767 號判決採否定說，明顯採具體計算，之後最高法院 88 年臺

---

[20] 參閱例題 39。

上字第 7827 號判決改採肯定說，則明顯基於「他人的勞力付出，不應因而減輕賠償義務人責任」思維，以抽象計算決定損害賠償，值得肯定。

2.近來發生有人以老舊不堪的汽車，藉由假車禍索取修車費用，卻又不用於修車，以詐取錢財的案件，令受害駕駛人不堪其擾。但損害賠償旨在回復原狀，按理不應有藉由損害賠償獲利的可能性，因此一旦車禍發生，損害賠償請求權人索取修車費用，在「具體計算」的思維下，該筆修車費用賠償就只能用於修車，故該賠償債權人未將所取得的修車費用於修車，雙方當事人間的損害賠償法律關係就仍未終極確定。基於如此不確定法律狀態，賠償義務人可以**類推適用民法第 214 條**規定❷：「應回復原狀者，如經債權人定相當期限催告後，逾期不為回復時，債權人得請求以金錢賠償其損害」，對賠償請求權人限期催告修車，如未在期限內修車，賠償義務人即可以改主張僅須負起汽車價值減損的賠償，賠償請求權人所超收的部分，就必須根據不當得利返還於賠償義務人，即可杜絕假車禍詐財的事件。

3.林誠二教授❷認為，如果車子被撞壞，債權人選擇自行修理，則於自行修復後，得主張民法第 176 條無因管理，或依民法第 179 條不當得利，請求償還代修費用。然作者以為，被害人應無為加害人無因管理之意思，也無為加害人清償債務的意思，因此被害人自行修復完畢後，加害人的損害賠償之債不會就此消滅而成立不當得利（試想：債務人金錢給付遲延，債權人向地下錢莊借高利貸，債務人債務因而消滅？），就損害賠償觀點而言，仍是要問：自行修繕後的賠償請求權人的損害究竟為何？

---

❷ 參閱 Köhler, FS für Larenz, 1983, S. 368 及劉昭辰，月旦法學教室，第 11 期，第 105 頁。

❷ 林誠二，債法總論新解（上），第 581 頁。

例題 34【好貴的修理費用】——回復顯有重大困難

A 僅值 3000 元的舊手機被 B 所毀損。手機店估算修理費需 3500 元。A 在獲得 B 允諾支付修理費後，將手機送修。修理中，手機店始發現損害程度遠超出當初所預期，修理費實際總需 4000 元。

問：A 得否向 B 請求修理費用賠償？

說明

民法第 215 條規定：「不能回復原狀或回復顯有重大困難者，應以金錢賠償其損害」，條文所謂「回復顯有重大困難者」，不易理解，本題即對此練習。

擬答

A 可能可以根據民法第 213 條第 3 項向 B 請求手機修理費用賠償，但 B 卻也可能可以根據民法第 215 條而拒絕賠償修理費用，主張僅須賠償手機的價值。關鍵在於，手機修理費用是否過鉅，構成條文所謂「回復顯有重大困難」[23]？

1. 物的修繕費用如何判斷過鉅，以致賠償義務人可以拒絕賠償，不易回答。即使當修繕費用數額已高達等同新物之價值，於此情形法律理論上等同物在經濟層面上，已經全毀（所謂「經濟上全毀」），但德國實務[24]看法，認為賠償義務人仍不能主張「不能回復原狀」或是「回復顯有重大困難」，而拒絕賠償修理費用，逕改以物之減損價值為賠償，因為「回復性賠償」是損害賠償的原則，而「替補性賠償」則是損害賠償的例外情況。

2. 因此，唯有回復性的修繕費用數額，超出物之替補性賠償金額甚多時，始有民法第 215 條的適用。德國實務界[25]認為當修繕費用比物之價值還多出

---

[23] 參閱林誠二，債法總論新解（上），第 580 頁；孫森焱，民法債編總論（上），第 454 頁。

[24] BGH NJW 85, 2469.

30% 時，始屬過鉅，故而「回復顯有重大困難」，此時賠償義務人即可以拒絕「回復性修繕費用」的賠償，而改以物之價值的「替補性賠償」。以本題而言，A 的舊手機現值 3000 元，修理費用估計是 3500 元，尚未超過比原物價值多出 30% 的範圍，至此似乎 A 之主張請求修繕費用有理。

然一直到修繕時，才發現其他損害，故而修理費用高出原物價值甚鉅，則此時賠償義務人是否可以拒絕修繕費用償還？學說[26]認為，不應將估價的風險結果，加諸於賠償請求權人，因為如果本題自始賠償請求權人 A 根據民法第 213 條第 1 項，請求賠償義務人 B 必須親自將手機交由手機店修理，最終估價的風險仍應由 B 承擔，故本題最終 A 請求 4000 元的修繕費用賠償，有理。

結論：A 可以請求 4000 元手機修繕費用賠償。

【題後說明】

1. 本題如果一開始就確認修理費用是 4000 元，以致構成手機經濟上全毀，賠償義務人 B 即可以拒絕賠償修理費用，而改以替補性金錢賠償。此時賠償的方式有兩種可能性，一是賠償義務人必須賠償物因毀損所減少的價值，即手機應有價值 3000 元，並扣除毀損後的手機殘留價值，二是賠償整支手機原物價值 3000 元，但須將毀損的手機所有權，根據民法第 218 條之 1 讓與給賠償義務人[27]。賠償方式的選擇，由賠償債權人決定。

2. 本題的修繕費用估價風險應由賠償義務人承擔，須和民法第 506 條的「承攬報酬估計概數不符」相區別。對於後者，就待日後再以其他例題進行說明。

---

[25] BGH NJW 85, 2469.

[26] Palandt/Heinrichs, §249 Rdn. 7.

[27] 參閱陳啟垂，民法債編總論實例研習，第 353 頁。

例題 35【老人與單車】——非財產損害的回復性金錢賠償

歐巴桑 A（80 歲）清晨騎腳踏車到公園運動，途中被機車騎士 B 連人帶車撞傷，腳踏車亦毀損。A 的臉頰有小小撕裂傷，美容手術費用卻需要 20 萬元，而腳踏車的修復費用是 2 萬元。

1. B 主張小小的臉頰撕裂傷，卻需要 20 萬元手術美容，實屬需費過鉅，回復困難。且腳踏車已經老舊，一文不值，何須花費 2 萬元修復。但 A 表示，腳踏車是已經去世多年的老伴所遺留，睹物思情。
2. 如果 A 取得 B 的 22 萬元賠償後，並未為美容手術，且將腳踏車報廢，A 是否可以終極保有該筆賠償金？

說明

民法的損害賠償原則——「非財產損害的金錢賠償，須以法律有特別規定者為限」，幾乎所有法律人都可以朗朗上口，卻被忽略，該原則只針對民法第 215 條「替補性金錢賠償」，而非指民法第 213 條第 3 項「回復性金錢賠償」。此外，本例題的另一練習重點，乃要強調民法第 215 條「回復顯有重大困難」並不適用於「非財產損害的回復性金錢賠償」。此兩大重點，初學者似不易理解，請仔細練習。

擬答

1. A 對 B 的請求

(1) 民法第 213 條第 3 項

A 可以根據民法第 184 條第 1 項前段的侵權行為向 B 請求損害賠償，並可能可以根據民法第 213 條第 3 項請求回復臉頰原貌的 20 萬手術費用，及修復腳踏車所需的 2 萬元費用賠償。

(2) B 的抗辯

但 B 對 A 的損害賠償請求，可能存在以下的抗辯：

a. 非財產損害的金錢賠償，須以法律有特別規定者為限

「非財產損害的金錢賠償，須以法律有特別規定者為限」[28]，雖為損害賠償法的重要原則，卻並未被明文規範在民法條文中，只能由民法第 195 條第 1 項的條文規範及立法思維得知，蓋民法第 195 條第 1 項規定「雖非財產上之損害，亦得請求賠償相當之金額」，可見：在一般情況下，非財產上之損害不得請求金錢賠償，唯有當法律有特別規定時，例如民法第 195 條第 1 項，始得請求。問題在於，本題 A 的腳踏車在經濟上一文不值，因此 A 主張修復腳踏車，其實非是要針對財產上的損害請求賠償，而是誠如 A 所言，乃因自己對腳踏車睹物思情，故要求 B 必須對此而修復腳踏車，本質上是一種非財產上的損害賠償，但民法第 195 條第 1 項卻並未規定「所有權」受侵害時，受害人可以請求非財產上的損害賠償！因此 A 似乎也不能請求 2 萬元的金錢賠償，以回復對去世老伴的思念。

然切勿混淆，**所謂「非財產損害的金錢賠償，須以法律有特別規定者為限」，是指民法第 215 條的「替補性金錢賠償」，而非指民法第 213 條第 3 項的「回復性金錢賠償」。**因為非財產損害的金錢賠償，原則上之所以不能請求，立法理由在於：基於非財產法益因不具金錢價值本質，故難以金錢加以衡量、計算，故原則上不能請求金錢賠償，而例外須有法律明文規定時，始能請求，例如身體殘障所生的非財產損害賠償（慰撫金）。基於如此的立法理由，對回復非財產法益所必要的金錢費用，因回復有可能，故有具體的金錢數額可以認定，當然可以請求金錢賠償，而不須以法律有明文規定時為必要，例如醫藥費的賠償。

依此，本題 A 主張 2 萬元的賠償，其目的是在回復睹物思情的非財產損害，即 A 可藉由腳踏車的修復，回復其對老伴的思念，故此一非財產損害賠償是屬於「回復性金錢賠償」，自不需受限於須有法律明文規

---

[28] 孫森焱，民法債編總論（上），第 453 頁。

定為必要，因此尚不排除 A 可以直接根據民法第 213 條第 3 項請求。同樣地，A 向 B 主張 20 萬元臉頰撕裂傷的手術費用，也是一種「回復性金錢賠償」，自也可以直接根據民法第 213 條第 3 項請求即可，而無須再引用民法第 195 條第 1 項。

b. 「非財產損害的回復性金錢賠償」和「回復顯有困難」❷⑨

問題在於，以 20 萬元手術費用回復 A 小小的臉頰撕裂傷，或是以 2 萬元修車費用回復 A 對老伴的思念，是否在經濟上不合比例原則，而構成民法第 215 條的「回復顯有重大困難」，故而 B 可以拒絕此種「回復性金錢賠償」，而改以「替補性金錢賠償」？

對此，本題擬答以為，因為**非財產法益不具財產價值，因此即使以經濟觀點觀之，任何以金錢回復非財產法益的賠償方式（非財產損害的回復性金錢賠償），尚難以不符比例為由，而認定「回復顯有重大困難」**，特別是在本題實難接受 B 可以以「20 萬元的金錢賠償，相較於小小的臉頰撕裂傷的回復，並不合比例」為由，而拒絕 A 的賠償請求。

問題在於，A 卻請求以 2 萬元修復一架一文不值的腳踏車，在經濟上是否不合比例？即不無疑問，但參酌 A 所欲回復的是對腳踏車睹物思情的非財產法益，實質上也是一種「非財產損害的回復性金錢賠償」，則在相同考量下，也實難謂 2 萬元的賠償，有「回復困難」可言。然學說❸⓪也強調，固然非財產損害的金錢回復性賠償，不受限於民法第 215 條的「回復顯有困難」，卻仍必須受限於民法的誠實信用原則（參照民法第 148 條第 2 項），故仍必須考量金錢賠償數額的適當性，以本題為例，80 歲的歐巴桑是否仍有必要花 20 萬元做小小臉頰撕裂傷的美容手術？就值得再討論。

---

❷⑨ 對於「財產損害的回復性金錢賠償」適用民法第 215 條的「回復顯有困難」，請參閱例題 34。

❸⓪ Esser/Schmidt, SchR I §32 II 2 b. 3.

結論：A 可以向 B 請求 20 萬元的手術費用及 2 萬元的修車費用賠償。

2.A 並未美容，且將腳踏車報廢

A 根據民法第 213 條第 3 項取得上述總計 22 萬元的賠償金後，想想自己已經 80 歲，故未進行美容手術，也將腳踏車報廢。所衍生的問題，即 A 可否終極保有此一賠償金？對此本書已經在例題 33【車子撞壞自己修】中，有所討論，而學說無爭議的認為，對於非財產上的損害賠償，應採「具體計算」，即「非財產損害的回復性金錢賠償」具有目的性拘束，損害賠償請求權人應將所得的金錢賠償，用於回復所被侵害的非財產法益，以避免損害賠償請求權人利用非財產法益換取金錢利益，不符合法律的價值判斷。因此，本題既然 A 已將腳踏車報廢，即回復已不可能，根據民法第 215 條只能改以請求腳踏車的價值，若一再拖延不願就醫，B 可以**類推適用民法第 214 條**規定：「應回復原狀者，如經債權人定相當期限催告後，逾期不為回復時，債權人得請求以金錢賠償其損害」，在經過催告後，改以「替補性的金錢賠償」，A 必須將所超收的賠償金，依不當得利規定返還於 B。

結論：A 不得保有該筆賠償金。

例題 36【鐘錶技師的全勤獎金】──所失利益的計算

　　A 是鐘錶技師，上班途中，被機車騎士 B 撞傷，A 必須住院兩星期。

1. A 可否主張全勤獎金喪失的損害賠償？ 但 B 可否主張，A 住院期間被診斷出患有潛在感染性肺結核，終究也必須請假而喪失全勤獎金？
2. 如果 A 的食指必須被截肢，因而失業，B 須如何賠償？

說明

　　根據民法第 216 條第 1 項規定，損害賠償請求權人可以就其①所受的損害、②所失的利益，向損害賠償義務人請求賠償。其中「所失利益」的賠償，屬於將來「假設性的損害」，故在實務舉證上，自然頗為棘手，本題即對此加以練習。

擬答

　　A 可能可以根據民法第 184 條第 1 項前段，並根據民法第 216 條第 1 項向 B 請求所失利益的賠償。分別討論如下：

1.全勤獎金

⑴簡化受害人舉證

基於受害人須舉證損害要件存在的舉證法則，因此本題須由 A 舉證，如果在沒有發生車禍情況下，可能可以獲得今年的全勤獎金。只是如此所失利益的事實，往往是針對將來尚未發生的事項，因此舉證上頗為不易。換言之，受害人所主張「所失利益」的喪失，是以將來的特定事情可能發生，並因而取得利益為前提，是一種假設性的因果關係，因此在實務上，受害人的舉證不無困難。為簡化受害人對所失利益求償的舉證，以強化並保護受害人求償的可能性，民法第 216 條第 2 項特別規定：「依通常情形，或依已定之計劃、設備或其他特別情事，可得預期之利益，視為所失利益」，依

此，受害人無須按一般的心證法則，即無須舉證至令法官具有極大且幾近確信的程度為必要，只要提出事實並證明特定的利益取得似乎可以被期待，舉證即為已足。

以本題而言，A 尚不能單以今年可能可以取得全勤獎金為理由，請求所失利益的賠償，而須進一步提出事實及舉證，只是舉證的證明程度被簡化，例如 A 可以舉證自己到目前為止，已經全勤，而且去年自己也是全勤等等證明，令法官相信自己今年似乎也可以全勤，即可以滿足所失利益求償的舉證。

⑵加害人免責舉證

雖然民法第 216 條第 2 項條文文字謂：「視為所失利益」，但學說❸❶認為，本條僅在訴訟法上簡化受害人的舉證負擔，並無意破壞損害賠償回復原狀原則的實體法價值判斷，故不排除損害賠償義務人仍可以舉證，在具體的案例上證明受害人根本不可能取得所失的利益。以本題而言，不排除 B 確實可以舉證，A 因患有潛在感染性肺結核，故終究須請假而喪失全勤獎金（仍是一種「假設性因果關係」）❸❷，因此不能請求全勤獎金所失利益的賠償。

結論：A 不能對 B 主張全勤獎金的賠償。

2.A 失業

⑴薪資所得

民法第 216 條第 1 項的所失利益賠償，最經典的即受僱人因受傷期間所喪失的薪資請求權❸❸，因此本題當然 B 也必須賠償 A 因受傷失業，所無法取

---

❸❶ 參閱黃立，民法債編總論，第 376 頁。

❸❷ 參閱例題 41。

❸❸ 但須注意勞動基準法第 43 條：「勞工因婚、喪、疾病或其他正當事由得請假；請假應給之假期及事假以外期間內工資給付之最低標準，由中央主管機關定之」，及相關

得的薪資。必須強調，**基於損害賠償的回復原狀原則，A 所能請求者，絕非限於受傷時的薪資水準，而尚且須考量所有的假設性因果關係，因此只要 A 能符合民法第 216 條第 2 項的舉證，尚可對 B 主張因修錶技術隨經驗增加、成熟，而將來可能可以獲得的加薪，亦須一併賠償，此外，也必須考量受害人可能的職務升遷機會等等❸❹**。至於薪資賠償的計算，可採淨值認定 (netto)，即扣除所得稅、勞保費支出等等 ❸❺，也可採毛值計算 (brutto) 再進行損益相抵，最後兩者數額終究會趨向一致。

⑵轉　業

雖然 A 可以向 B 請求因失業所喪失的薪資所得賠償，但根據民法第 217 條第 1 項及第 2 項的與有過失原則：「損害之發生或擴大，被害人與有過失者，法院得減輕賠償金額，或免除之。重大之損害原因，為債務人所不及知，而被害人不預促其注意或怠於避免或減少損害者，為與有過失」，因此 A 負有不使損害發生或擴大的負擔，故不排除在合理的情況下，A 應該轉業，接受合於自身教育水準及身體狀況的工作，並就新工作所可以領取的薪資額度內，扣除損害賠償數額。如果 A 拒絕接受適當的新工作，則 B 可以根據與有過失原則，請求法院減輕賠償金額或免除之。必要時，不排除受害人也必須接受轉業的職業訓練，至於職業訓練所需費用支出，則必須由加害人負起賠償責任。

結論：B 必須賠償 A 因失業所喪失的薪資所得。

【題後說明】

1.損害賠償請求權人可以請求所失利益的賠償，特別是所失的薪資，但仍必須受限於回復原狀的損害賠償原則，因此如果受害人為已經退休的公務人

的勞保給付規定，並必須注意雇主的代位求償權（參照民法第 487 條之 1 第 2 項）。

❸❹ 參照最高法院 46 年臺上字第 1232 號判決。

❸❺ 最高法院 94 年臺上字第 2128 號判決。

員，自無薪資賠償問題。但如果受害人雖在待業中，則不排除可以舉證自己將來仍有就業的可能，而主張所失利益的賠償（參照最高法院 92 年臺上字第 2707 號判決）。

2. 受害人因車禍身體受傷而致殘障，此為不可回復的非財產損害，加害人應賠償慰撫金（民法第 195 條第 1 項），而受害人因此所減損的薪資，其賠償根據是民法第 193 條第 1 項：「不法侵害他人之身體或健康者，對於被害人因此喪失或減少勞動能力……，應負損害賠償責任」，屬於財產上的損害，自應以「**具體計算**」認定賠償數額，故**應以受害人在個別案例上具體喪失的薪資數額，作為損害賠償請求的額度❸❻，而不應以勞保條例的抽象殘廢給付標準認定❸❼**，當一個待業高職畢業生受害時，更不能以「最低工資」作為認定所失利益的標準❸❽。

3. 根據民法第 192 條第 2 項規定：「被害人對於第三人負有法定扶養義務者，加害人對於該第三人亦應負損害責任」，因此若 3 歲小孩在車禍中喪生，父母親可以據而向加害人請求所喪失的將來法定扶養利益賠償，自無疑義，亦為最高法院 18 年上字第 2041 號判例所強調：「被害人雖尚無養贍其父母之能力，而其父母將來賴其養贍，苟無反對情形，不得謂其將來亦無養贍能力，侵害被害人將來應有之養贍力，即與侵害其父母將來應受養贍之權利無異，其父母得因此訴請賠償。至養贍費數額，應以被害人將來供給養贍能力為準，不應以父母此時需要養贍之生活狀況為準」。

只是作者以為，上述最高法院意見，有再說明必要。蓋扶養費數額應以受扶養人（將來）接受扶養時的生活所需認定，而非是以扶養義務人（將來）的經濟能力為認定，例如父母都是藍領工人，自應以（退休）藍領工人的生活水準認定，但如果都是醫師，自當以（退休）醫師的生活水準認定，並據以請求法定扶養義務喪失的損害賠償，而不是以被害人（扶養義務人）

---

❸❻ 最高法院 89 年臺上字第 2964 號判決。

❸❼ 最高法院 94 年臺上字第 1818 號判決。

❸❽ 參閱王澤鑑，人格權法，第 473 頁。

將來的經濟能力為認定。至於扶養義務人的經濟能力，則應是屬於扶養義務成立要件中的「扶養義務人需有給付能力」考量（參照民法第 1118 條），即如果（退休）醫師的生活水準及所衍生的請求扶養數額，對於扶養義務人而言，已超出其經濟能力所能負擔（例如小孩只領 22K），扶養義務人即可以主張減輕扶養義務。然而如何認定被害人（扶養義務人）將來可能的給付能力？特別是當被害人僅是 3 歲的小孩？作者認為，仍應回歸民法第216 條第 2 項規定，而以小孩的家庭經濟情況、父母教育程度及職業、兄弟姊妹的學習狀況等等，做最後的認定。依此，作者以為，如果被害人父母都是醫生，則應可以期待被害人將來也可能會成為醫生，因此被害人將來的給付能力認定，不排除亦應以醫師經濟水準認定。

4. 民法第 216 條第 2 項的所失利益賠償，並不包括「不法利益」❸，但不法利益的認定，並非易事，往往須透過法律的解釋，例如違法路邊攤小販，因車禍受傷，不排除仍可以請求所失的違法擺攤利益，因為違法擺攤的買賣契約仍是有效，但因嫖妓契約違反公序良俗無效，故受傷的紅牌妓女不可請求應有的接客高報酬，而只能請求最低生活所需費用。

---

❸ 參閱張文愷，侵害「不法行為人」之侵權行為，臺大碩士論文，2015 年。當中有許多精彩的案例討論，值得一讀。

例題 37【搭公車上班】❹——使用利益喪失的賠償

A 上班途中和 B 的汽車相撞，發生車禍，汽車須進廠修理。因為 A 擔心車禍可能是因自己的過失所造成，因此不敢租車或是搭費用昂貴的計程車上班，而只搭公車上班。直到判決確定，車禍乃因 B 的過失所引起。

1. 除無爭議的修車費用外，A 尚可以如何求償？
2. 如果 A 因車禍受傷，在此期間 A 根本無法使用汽車。但 A 認為，至少自己的太太可以使用該車。有無影響 A 的求償？

說明

使用利益的喪失，是否可以請求損害賠償？一直是損害賠償法上困擾的問題，但我國學界卻未多加討論，作者分別在例題 37 及 38，引介德國實務界的發展、相關重要的判決，及德國學界對之的理論討論，以供讀者參考。此外，使用利益也會涉及「無用的費用支出」的損害賠償問題，亦是損害賠償法的困擾問題，學說各有觀點，希望讀者耐心閱讀。

擬答

1. A 的求償範圍

(1)租車費用

本題如果 A 有事實上的租車費用支出，就可以根據民法第 215 條請求「替補性金錢賠償」，而非是根據民法第 213 條第 3 項的「回復性金錢賠償」，因為在修車期間租用汽車，非在回復汽車原有的狀態。

(2)無用的費用支出

但因本題 A 根本無事實上的租車費用支出，租車費用的損害只是一「假設性損害」，因此在具體計算下，也無損害賠償可言❹。因此本題 A 可以根

---

❹ 本題取材自德國聯邦最高法院判決：BGHZ 98, 212。

據民法第 215 條「回復已不可能」，而請求「替補性金錢賠償」的項目，就只能考慮例如在修車期間所支出，卻無用的汽車保險費、月租停車費、牌照稅，或是剛剛支出的洗車費用等等，學說❷稱之為「**無用的費用支出**」。至於「無用的費用支出」能否請求賠償？不無疑問，也相當有爭議❸。

(3)使用利益

德國聯邦最高法院❹率先提出使用利益喪失的損害賠償概念，引起德國學界討論。根據德國聯邦最高法院意見，因車禍而致使無法使用汽車，受害人請求使用利益喪失的損害賠償，前提須使用利益本身必須是一財產上的損害，但一般而言，使用利益喪失的本身，為受害人帶來的僅是喪失使用物品的方便及享受，為非財產上的損害，而須以法律有明文規定時，始能請求，但（德國）民法明顯欠缺如此的規定。

德國聯邦最高法院認為因車禍而喪失汽車的使用利益，卻無法請求相關的損害賠償，並不符合損害賠償的價值判斷，也不符對汽車所有權的法律保護目的。依此，德國聯邦最高法院進一步認為，如果標的物的使用利益，屬於一般生活所需而具有經濟利益者，例如本題的汽車或是房子，則此等標的物的使用利益喪失，就可以被當成是財產利益的減損，而可以請求財產上的損害賠償。

德國聯邦最高法院的「使用利益損害賠償理論」，漸漸被學說❺所接受，而法律理論上認為，是將原本屬於非財產價值性質的使用利益，加以「**商業化**」的結果。令人困擾的是，何種標的物的使用利益可以被今日社會「商業化」？對此雖德國聯邦最高法院提出所謂「一般生活所需而具有經濟利益者」，卻仍嫌抽象、模糊，本題擬答認為，可以社會是否對某特定標的物，

---

❹ 請務必參閱例題 39。

❷ Larenz, SchR I §29 II c.

❸ 詳見例題 38。

❹ BGHZ 98, 212, 217; 101, 325, 330.

❺ Medicus, SchR I §55 V 2 b.

存在有使用利益的交易常態為判斷，例如現今社會上普遍存在有汽車或是房屋出租，故可以認定此種標的物的使用利益，確實具有商業化的經濟價值，但例如手錶或是電視受損，在修理期間無法使用，則受害人就無得請求使用利益喪失的損害賠償。故本題不排除 A 確實可以向 B 請求汽車使用利益喪失的損害賠償，至於賠償額度，根據德國聯邦最高法院的計算，則是以一般同等車款的承租費用的 30% 為認定。

結論：A 可以向 B 請求汽車使用利益喪失的損害賠償。

2.使用利益喪失求償的可能影響因素

本題如果 A 因車禍受傷，而無法使用汽車，則是否會影響 A 的求償，就不無疑問。德國聯邦最高法院強調，使用利益喪失的求償，須以損害賠償請求權人在主觀有使用的意願，而在客觀上有使用標的物的假設性為必要，基於此二要件，因為標的物的毀損，致損害賠償請求權人感受到使用上的不便時，始能請求賠償。依此，本題 A 受傷住院，因此客觀上自無使用汽車的可能性假設，也就不能請求使用利益喪失的損害賠償。但必須強調，德國聯邦最高法院❻在其後的發展中，認為即使汽車所有權人本身不存在有使用利益喪失的不便感受，但如果受害人的家屬在主、客觀上仍有使用利益時，不排除受害人本人仍可以請求使用利益喪失的賠償。對此，德國聯邦最高法院並未詳述理論根據，本題擬答以為，應是運用「第三人損害的清算」理論❼所得出的結果。

結論：A 仍可以對 B 請求汽車使用利益喪失的損害賠償。

---

❻ BGH NJW 74, 33.

❼ 參照例題 28。

例題 38【北海道花季旅遊】──無用的費用支出

A 是旅遊迷，今年計畫到日本北海道賞花，因此透過網路以 4 萬元參加旅行團，並花費 1 萬元購買專為配合花季拍照的旅遊新裝。然在出發前夕，A 卻被 B 所騎機車撞傷住院，以致無法成行，而 A 出院後，今年花季也已結束。A 可否請求 5 萬元的賠償？

說明

在例題 37 中，已提及「無用的費用支出」損害賠償問題。該問題主要在於如果一概肯定「無用的費用支出」的損害賠償，勢必無限擴大損害賠償範圍，例如受害人因車禍受傷，致使一個月無法使用手機，也可以請求電信月租費的賠償？本題即對此練習。

擬答

A 向 B 請求 5 萬元損害賠償的可能根據，首先可以考慮侵權行為規定及民法第 213 條第 3 項「回復性金錢賠償」，但因 A 所請求的「旅遊費用」及「購衣費用」都非屬回復性質，因為不論是旅遊本身或是穿新裝出遊，都無法被回復，故須改考慮依民法第 215 條的「替補性金錢賠償」，作為損害賠償的根據。

本題 A 所主張的「旅遊費用」及「購買旅遊新裝費用」，都是屬於為特定目的而支出的費用，但因 B 的侵權行為導致 A 的身體受傷，致目的無法達成，造成 A 平白支出此等費用，學說稱之「**無用的費用支出**」（或是「**徒勞無益的費用支出**」）。當損害賠償請求權人為特定目的而支出費用，例如本題的新購的出遊新裝，此等費用即不同於一般為日常生活所須的費用支出，例如僅為一般平時生活所須而購買的衣服，一旦該特定目的不能達成，此等費用支出即成為平白支出，故有學說❹認為就是一種損害，而可以請求賠償。

❹ Larenz, FS Oftinger, 1969, S. 151.

1.信賴原則

然上述將「無用的費用支出」一概當成損害，而同意損害賠償請求權人可以向賠償義務人請求賠償，勢必造成損害賠償義務無限擴張，故被多數學說所反對。對此，本題擬答亦不贊同一概將「無用的費用支出」當成損害，否則可以想像本題 A 將可以無限主張「無用的費用支出」，例如因受傷而無法使用汽車及手機的停車場月租費、手機月租費，或因而無法去看電影，但已經支出電影票錢等等。

由上可知，將「無用的費用支出」當成損害概念加以賠償，必須受到限制。今日通說❹認為，**唯有當「無用的費用支出」正是法律所欲保護的信賴利益時，費用支出人始能主張損害賠償**，例如因信賴旅遊契約有效成立，故而購買出遊新裝，事後旅遊契約因故不成立或是無效，或是因信賴訂婚，而購買新裝以備婚禮使用，但婚約因故解除，故可根據法律規定請求信賴利益損害賠償時（參照民法第 92 條及第 979 條），始能主張新購新裝是一「無用的費用支出」而請求賠償❺。但本題 A 是因 B 的侵權行為而受傷，致使所支出的「旅遊費用」或是「出遊新裝費用」成為無用的費用支出，在 A 的費用支出和 B 的侵權行為間，明顯欠缺信賴利益保護關係，因此 A 主張因 B 的侵權行為致使 A 的費用支出成為無用，實欠缺信賴利益保護的正當性，故依此說，A 尚無得可向 B 主張須對此為賠償。

2.商業化理論

本題 A 因被 B 所撞傷，故無法穿著新裝參加北海道花季旅遊，致使心情大

---

❹ 參閱 Staudinger/Medicus, §249 Rdn. 128。

❺ 請參考劉昭辰，民法總則實例研習，例題 36【飾品店購物】。一旦賠償請求權人主張新衣費用支出的損害賠償，賠償義務人可以類推適用民法第 218 條之 1：「關於物或權利之喪失或損害，負賠償責任之人，得向損害賠償請求權人，請求讓與基於其請求物之所有權或基於其權利對於第三人之請求權」，請求讓與新衣所有權。

受影響，故而向 B 請求賠償。此種替補性質的非財產上損害的金錢賠償，必須以法律有明文規定為必要，而現行民法卻明顯欠缺如此規定。可以進一步考慮的是，A 可否主張基於「**非財產法益商業化**」的思維❺❶，無法穿著新裝參加北海道花季旅遊，是一種財產上的損害，故無須法律有特別規定，即可以直接根據民法第 215 條請求賠償。

如果在可以接受「非財產法益商業化」的思維下，確實不排除可以考慮 A 的請求。但「非財產法益商業化」的請求對象，也僅限於已被商業化的客體而已，以本題而言，遊客享受旅遊的非財產法益，在今日社會，確實已經透過旅遊契約而被商業化，故不排除 A 可以向 B 請求無法參加旅遊所遭受的財產上損害的賠償，即本題參加北海道花季旅遊所須支出的旅遊費用賠償。至於穿著新裝的使用利益部分，本題擬答則以為，因尚不見市場有將之商業化的機制，故仍無得請求賠償。

3. 使用可能性的全毀

另外有學說❺❷認為，以「非財產法益商業化」理論解決「無用的費用支出」問題，不無有牽強之處，例如 A 因受傷而無法使用汽車停車場、手機的月租費，在商業化下，如果 B 都必須賠償，結果將會造成損害賠償義務的無限擴張，並不合理。依該說，使用利益的喪失或因而導致費用支出變成無用，能否請求賠償，不應以賠償請求權人有無主觀上享受使用利益的事實存在與否，及是否該主觀享受的法益已被商業化為觀點，而應視標的物的使用可能性是否已完全滅失，以致標的物在經濟上一文不值，故賠償請求權人可以主張標的物全毀所致生的「無用的費用支出」損害賠償。以本題而言，因 A 無法參加北海道旅遊，在旅遊期限過後，等同全毀而經濟上一文不值，故 A 自可以主張受有財產上的損害，而向 B 主張無法參加旅遊所產生的損害賠償，即旅遊費用的賠償。至於新裝部分，因物尚未全毀而仍

---

❺❶ 參閱例題 37。

❺❷ MünchKomm/Gursky, vor §249 Rdn. 17, 20.

可以使用，即經濟上尚未因而成為一文不值，因此即使 A 購買新裝的旅遊目的不能達成，致購衣費用支出成為無用，但仍不宜認為 A 因此受有財產上的損害，因此也不能向 B 請求賠償❸。

結論：綜合上述個別理論，可以認為 A 可以向 B 請求旅遊費用賠償，但不能請求新裝費用的賠償。

---

❸ 依此說，則在上述例題 37 中，賠償請求權人就無法請求汽車因修理期間，所平白支出的汽車月租停車費用的賠償，因為停車位尚未完全不能使用，但卻可以請求平白所支出的牌照稅賠償，因為汽車在修理期間無法使用，自然所繳交的牌照稅也就完全無用。

例題 39【便利商店】——「與有過失」與「假設性損害」

A 企業管理研究所畢業，並在某企業任職。在好友遊說下，利用自己空置的店面開設便利商店，以求學以致用。A 僱請 B 為售貨店員，且向 C 承租店面二樓，以存放商品。

就在便利商店一切正式上路前，B 卻因積欠黑道賭債而落跑，不知去向，A 只得暫時向任職企業請假，自己充當超商營業員，直到一星期後聘僱到其他店員為止。而房東 C 也因故無法準時清空二樓，A 只得緊急承租位於超商店面不遠的房子，以充作商品存放空間，並向 C 請求租金賠償。但 C 主張 A 自己另外有一間合適的空房子，為什麼不用。問：A 可以如何對 B 及 C 求償？

說明

民法第 217 條規定損害賠償請求權人如果對損害的發生或擴大，與有過失時，賠償義務人得請求減輕或是免除賠償責任。本題即是要練習，如何在個別的案例下，判定與有過失的成立。

擬答

1. A 向 B 的請求

B 根據和 A 的僱傭契約負有服勞務的義務，但 B 卻無法準時服勞務，因此 A 可能可以根據民法第 226 條第 1 項的給付不能，向 B 請求因此所遭受損害的賠償。至於 A 的損害可能有：

(1)營業利益喪失的「假設性損害」

本題 B 無法準時服勞務，原本應會使 A 的便利商店營業受到影響，而受有營業利益喪失的損害，依民法第 216 條第 1 項，B 應負起所失利益的賠償責任，但卻因 A 代為服勞務，致營業利益損害終究並未發生，因此 A 無法

向 B 請求賠償。

根據民法第 217 條第 1 項規定：「損害之發生或擴大，被害人與有過失者，法院得減輕賠償金額，或免除之」。依此，固然損害賠償請求權人負有不使損害發生的義務（對己義務），但僅止於合理而可被期待的行為義務而已，即損害賠償請求權人僅負有採取在合理義務範圍內的行為義務，以避免損害的發生，無須採取過度的行為義務以促使損害不發生。以本題而言，B 無法依約服勞務，即使 A 一時無法招聘到適當人選，但法律也不會就要求 A 須親自代為服勞務，特別是，A 已經在企業任職，更無理由必須請假犧牲，只為減免 B 的損害賠償責任。

本題 A 因自己的努力，而避免使便利商店發生營業利益喪失的損害，因此可以討論：A 以超過法律上所要求的行為義務，以避免損害的發生，是否可以向賠償義務人 B 主張「假設性的損害」，而請求「假設」有營業利益喪失的損害賠償？對此，德國聯邦最高勞動法院[54]曾做出肯定的見解，但卻遭學說[55]的質疑，因為**民法「與有過失」規定，僅規範賠償請求權人有避免損害發生的行為義務，卻無規定超出行為義務而致使損害不發生，可以反向賠償義務人主張「假設性損害」的賠償效果**。但學說也質疑，民法欠缺如此的求償規定，是否合理，不無疑問，值得立法者再思考。

⑵A 的勞務付出

本題 A 以超出「與有過失」所要求的行為義務，即放棄自己工作，而代 B 服勞務，是否可以向 B 主張必須對其所代服的勞務，負起損害賠償責任？首先，即使是債權人因超義務行為所發生的損害，但只要該損害仍是在傷害行為的相當因果關係之內，債務人就必須負起損害賠償責任，而本題 A 為避免自己的營業利益損失，自行服超商勞務，自屬一般合理可以被預見之情形，故和 B 的勞務給付不能具有相當因果關係，自不待言。

接續所要討論的損害賠償，關鍵在於：A 所服的勞務是否具有財產價值，

---

[54] BAG NJW 68, 222.

[55] Larenz, Anm. zu BAG AP §249 Nr. 7.

故成為財產上的損害，而有賠償的可能？對此，學說❺❻認為勞務付出是否可以構成財產上的損害，取決於該勞務在市場上是否具備有償性而定。毫無疑問，本題便利商店的商品銷售勞務，具有市場上的有償性，因此 A 也就可以對 B 請求勞務支出的損害賠償。至於勞務支出的賠償數額，自應以市場的客觀價值決定，換言之，即使 A 以企業管理研究所碩士的身分，代 B 服便利商店的商品銷售勞務，但損害賠償數額認定，仍應以一般便利商店的商品銷售員應取得的勞務報酬為認定，而非以企業管理研究所碩士的身價為認定。但必須強調，既然本題 A 可以向 B 根據民法第 226 條第 1 項請求勞務支出的損害賠償，故 A 也須向 B 根據僱用契約為對待給付（勞務報酬給付），兩相抵銷下，A 無法對 B 主張勞務支出的損害賠償❺❼。由此結論更可得知，上述 A 營業利益喪失的損害賠償請求權，亟待立法者思考。

⑶A 的薪資喪失

至於本題 A 因向任職企業請假，故有薪資的喪失，在損害發生的相當因果關係下，是否可向 B 請求賠償？本題擬答以為，端視 A 所喪失薪資的數額多寡而定，因為如果 A 所喪失的薪資及可得對 B 主張勞務支出的全部損害賠償數額，多於便利商店所可能取得的營業利益，則 A 向任職企業請假，即應是致使過多損害發生，而與有過失，法院應將賠償數額減至便利商店所可能取得的營業利益數額。反之，A 自可以向 B 請求所喪失薪資的賠償，但仍須考量，A 有無可能可以立即僱請其他營業員，以減輕損害範圍的可能性等等。

結論：A 可以向 B 請求賠償勞務支出及因請假所喪失的薪資，但不得高於便利商店所可能取得的營業利益數額。

---

❺❻ Palandt/Heinrichs, vor §249 Rdn. 37.

❺❼ 參閱 Köhler, SchR I PdW, Fall 154 及林誠二，債法總論新解（下），第 321 頁。

2.A 向 C 的請求

C 出租人無法準時交付房子給承租人 A，構成民法第 226 條第 1 項的給付不能，因此 C 可能必須負起損害賠償責任，故 A 另行承租別的房子所支出的租金，C 似乎就必須對此為賠償。但問題在於，C 主張 A 自己有第二間空房子，為什麼不用？其意指是 A 自己促使損害發生，故應根據與有過失原則，減免損害賠償數額。

(1)合理的行為義務（與有過失）

C 能否主張 A 與有過失，故應減免自己的賠償責任，關鍵在於：A 是否根據民法第 217 條第 1 項的與有過失原則，負有必須以自己的空房，以充作存放商品之義務？如上所述，損害賠償請求權人僅負有合理而可被期待的行為義務，以避免損害的發生，而無須在超出合理義務範圍以外，採取過度的行為義務，以避免損害的發生。因此，A 應以自己的空房充作商品存放空間，是否是合理的行為義務？本題擬答以為，應視 A 空房的條件而定，例如空間大小、地點等等，如果一切條件並不亞於 A 事後所承租的房子，則實不見何以 A 一定堅持要另行承租房子？如此，則 A 已違反與有過失原則，而不能請求租金支出的損害賠償。

(2)超義務的過度行為以避免損害發生（假設性損害）

假設另一種情況：如果本題 A 所有的空房條件，並無法和 A 所承租的新房子相比，但 A 卻仍勉強使用自己的空房，即 A 以超義務行為，避免租金支出損害的發生。

必須再度強調，如上所述，**賠償請求權人以超過法律上所要求的行為義務，以避免損害的發生，依現行法制，並無得向賠償義務人主張「假設性損害」的賠償**，即 A 也無得對 C 主張「假設性的租金支出損害賠償」❸，存在有法律漏洞，值得立法者思考修法。

(3)超義務的過度行為以避免損害擴大

---

❸ 參照例題 37 的汽車租金的假設性損害。

必須強調，超義務的過度行為以避免損害「發生」，必須和超義務的過度行為以避免損害「擴大」，相互清楚區別。後者以例題 33【車子撞壞自己修】為經典案例，在該例題中，賠償請求權人的汽車被撞壞當時，損害即已發生，而如果賠償請求權人以超過合理的行為義務，以促使損害不致擴大，例如以自己的閒暇時間修理汽車，而不將汽車交由一般修車廠修理，則對已經發生的損害，賠償義務人的賠償責任不應因別人的努力辛苦而受到減免，故仍應以一般修車費用賠償給受害人才是。

結論：因為 A 所有的空房符合新承租的房子條件，故 A 不能對 C 主張租金支出的損害賠償。

【題後說明】

根據與有過失原則，如果賠償請求權人未能採取符合於義務的適當行為，致使損害擴大，則賠償義務人可以請求減免賠償數額。實務上非常有爭議的在於，汽車被撞毀，可否捨棄一般的修車廠，而到收費較貴的汽車原廠修理，並請求較高的原廠修理費用的賠償？作者以為，仍應視一般修車廠和原廠之間的修復結果，有無重大的差異性而定。

例題 40【機車後座乘客】——履行輔助人的與有過失

1. A、B 二人是公司同事。某日兩人一起參加公司聚餐，聚餐結束後，女同事 A 因已有酒意，遂委請男同事 B 騎機車載她回家，B 欣然接受。途中因 B 的過失，機車失控撞上電線桿，A 因而受傷。A 向 B 求償，但 B 認為是 A 拜託載她回家，怎可向他求償。誰有道理？

2. C、D 二人是男女朋友。某日 C 騎機車載 D 回家，途中 C 和 E 所騎的機車發生擦撞，而致使 D 受傷。經查，C、E 兩人對車禍的發生都有一半的過失，D 如何向 E 求償？

說明

　　酒駕已是國人道德零接受的共識，值得肯定。此外，人人皆知，騎機車本身是一極度危險之事，而後座被載之人，更是危險發生時的首當其衝對象，後座乘客明知危險而自願承受，有無與有過失？值得深思。

擬答

1. A 的求償

　　A 可能可以向 B 根據侵權行為及民法第 213 條及第 195 條第 1 項，請求損害賠償。但 B 可以抗辯 A 並無法就全部損害為請求的可能根據，考慮如下：

⑴契約約定

　　首先可以考慮，明知騎機車本身是一極度危險之事，且坐在後座被載之人，更是危險發生時的首當其衝對象，卻仍樂意被載，是否存在默示的契約約定，同意免除機車騎士的肇事損害賠償責任？對此，在一般合理的解釋下，宜認為後座乘客應尚無如此的默示法效意思，因為即使明知騎乘機車的危險，但一般的機車乘客仍不應會期待並樂意接受車禍發生的傷害結果，進

而有免除機車騎士損害賠償責任的意思存在。

⑵自陷危險——「阻卻違法」或「與有過失」?

明知危險，而仍以自己行為接受危險的發生，學說稱之為「自陷危險」。對於「自陷危險」所引發對損害賠償請求權的影響，先前學說認為，等同是以默示的單獨意思表示允許他人對自己的傷害行為，故在（侵權行為）不法性要件上，發生阻卻違法效果，根本不生損害賠償請求權。但今日學說則傾向認為，自陷危險不能阻卻違法，只是發生與有過失的效果❺。

對此，本題擬答認為應視自陷危險的個別情況，做出適當的解釋。例如醫生對患者進行手術，可以認為病患明示在合於醫療常規下，醫生可以做出傷害身體法益的行為，再例如拳擊比賽，也可認為選手默示允許對手在合於拳擊比賽規則內，可以做出傷害身體法益的行為，都可以阻卻違法，根本不生侵權行為請求權問題，因為該二例，身體法益受傷害，皆為手術及拳擊事件本質上當然之結果，而無法避免。但如果是賽車比賽，則雖然選手自陷於危險的賽事當中，但基於賽車賽事在剎那間所可能引發的嚴重後果，在合理的解釋下，應認為賽車選手根本無意默示允許對手可以做出傷害自己身體法益的行為，故一旦事故發生，自不生阻卻違法效果，而是適用與有過失原則，減少損害賠償數額。依此，本題機車後座乘客的自陷危險行為，在合理的解釋下，也應認為並無意要排除機車騎士的過失傷害行為的不法性，而應適用與有過失原則，因為應該沒有後座乘客會希望、期待並允許機車騎士可以過失駕駛，而傷害自己的身體法益。

然而必須強調，除非後座乘客明知或是可得而知機車騎士已不適任駕駛，例如已經酒醉或是過度疲勞，否則不應僅明知騎機車是一非常危險的行為，進而被載於後座，就一概被認為與有過失，因為至少根據現行交通規則及相關法規，仍承認作為全世界最危險交通工具的機車，是合法的交通工具，且也可以合法乘載一人，故本題也仍難以認定 A 自願被載於後座，存在與

---

❺ 學說的爭議及見解，參閱：林誠二，債法總論新解（上），第 337 頁；孫森焱，民法債編總論（上），第 212 頁。

有過失，否則等同否認交通法規的合法性。

結論：B 必須就 A 的全部損害為賠償。

2. D 的求償

D 可能可以向 E 根據侵權行為及民法第 213 條及第 195 條第 1 項，請求損害賠償。但 D 可能無法就全部損害為請求的條文根據是民法第 217 條第 3 項：「前二項之規定，於被害人之代理人或使用人與有過失者，準用之」。問題在於，E 可否主張 D 是機車後座乘客，因此機車騎士 C 是後座乘客的使用人，故必須接受 C 的與有過失，而減輕賠償責任請求？

⑴實務意見

a. 機　車

對此，**最高法院 74 年臺上字第 1170 號判例**採肯定說：「駕駛機車有過失致坐於後座之人被他人駕駛之車撞死者，後座之人係因藉駕駛人載送而擴大其活動範圍，駕駛人為之駕駛機車，應認係後座之人之使用人，原審類推適用民法第二百二十四條規定依同法第二百十七條第一項規定，減輕被上訴人之賠償金額，並無不合」。

b. 大眾運輸交通工具

當上述判例結論被適用於一般大眾交通工具時，明顯絕對不合理，因此**最高法院 95 年臺上字第 279 號判決**又強調上述判例並不適用於大眾運輸工具：「次查民國八十八年四月二十一日修正增訂之民法第二百十七條第三項固明定，同條第一項、第二項（過失相抵）之規定，『於被害人之代理人或使用人與有過失者，亦適用之』，惟大眾運輸工具如營業小客車（計程車）之乘客，係與營業人成立運送契約，計程車司機為該運送人或運送人之受僱人，僅係基於運送人與乘客間暫時且短期之運送契約，載運乘客至其預計到達之目的地而已，司機與乘客間，非得以該臨時性之運送關係，解釋為前開規定之『使用人』，自無適用該法文

之餘地」。

(2)擬答意見

a. 使用人的使用人

最高法院 95 年臺上字第 279 號判決闡述運送人和乘客的「使用人關係」，明顯欠缺說服力，因為使用人關係的成立與否，何以與運送契約的「暫時且短期」、「臨時性」有關？實令人不解，難道機車騎士載送後座乘客都是長期、且固定性？最高法院又認為，大眾運輸工具之乘客，係與營業人成立運送契約，因此計程車司機為該運送人或運送人之受僱人，故司機並非是乘客的使用人，更是難以令人理解，試想：出賣人將標的物委由宅急便寄送，運送契約發生在出賣人及宅急便之間，而宅急便再委由送貨員（受僱人）運送物品，一旦送貨員在送貨過程中有過失，出賣人就必須根據民法第 224 條對買受人負起履行輔助人責任（使用人責任），因宅急便是出賣人的使用人，而送貨員又是宅急便的使用人，送貨員就是出賣人的使用人（所謂「使用人的使用人」），自無疑義。因此計程車司機是否是乘客的使用人，關鍵應是在於計程車營業人是否是乘客的使用人？如果是，則計程車司機就是乘客的使用人；反之，則否。

b. 債之履行

對於民法第 224 條的使用人（**履行輔助人**）概念，本題擬答採王澤鑑教授❻意見，**應指「依債務人意思，代為履行債務之人」**，始為條文所謂的使用人，才有民法第 217 條第 3 項「與有過失」原則準用的餘地，**因此計程車營業人並非乘客的使用人，計程車司機也就不是乘客的使用人，因為乘客並無使用計程車代為履行債務之事實。至於本題騎士 C 顯無受後座乘客 D 委以代為履行債務的關係，故也非是後座乘客的使用人，D 當然無須承受騎士的過失結果，而減少對 E 的賠償請求權數額。**

---

❻ 王澤鑑，民法學說與判例研究㈥，第 96 頁。相關理由及案例研習，請參閱劉昭辰，債法總論實例研習——法定之債，例題 48【延誤送醫的父親】。

c. 連帶債務

綜合上述，本題擬答以為，因為 C、E 兩人對於 D 的受傷都有過失，所以兩人分別對 D 構成侵權行為，而必須負起連帶損害賠償責任，因此 D 可任意選擇一人，請求全部的賠償（參照民法第 273 條第 1 項）。當然 D 通常都會選擇向 E 一人求償，因 E 不能援引民法第 217 條第 3 項，即不能主張 D 必須承受 C 的過失，以減輕自己的賠償責任。換言之，E 必須就 D 的全部損害為賠償，之後再根據民法第 218 條第 1 項及第 2 項，依過失比例，向 C 請求內部分擔。

結論：根據最高法院意見，當 D 向 E 求償時，E 不可以主張 D 必須承受 C 的過失，減輕自己的賠償責任。

【題後說明】

1. 「與有過失」原則，顧名思義，自以傷害人因「過失」而須負賠償責任為前提，而受害人對損害的發生或是擴大，「也有」「過失」，始有適用。由文意得知，似乎不適用於無過失責任。立法者之所以未考慮無過失責任的與有過失原則，自有其歷史背景，蓋當時無過失責任實為法律上的異數之故。但今日社會對無過失責任的殷切需求，且實證法上確實也不乏無過失責任的許多立法，故今日學說❻無爭議的認為，民法第 217 條的與有過失原則，亦可以被類推適用於無過失責任。例如強制汽車責任保險法第 7 條規定：「因汽車交通事故致受害人傷害或死亡者，不論加害人有無過失，請求權人得依本法規定向保險人請求保險給付或向財團法人汽車交通事故特別補償基金（以下簡稱特別補償基金）請求補償」，則非因機車（汽車）騎士過失而導致路人受傷（不包括乘客受傷：參照強制汽車責任保險法第 13 條），雖路人依法可向保險人請求保險賠償給付，卻也應適用與有過失原則，免除或減輕保險人的給付範圍，例如路人闖紅燈（參照強制汽車責任保險法

---

❻ 參閱孫森焱，民法債編總論（上），第 458 頁。

第 34 條第 2 項但書)。

2. 或許最高法院又會表示:「因為乘客欠缺對大眾交通運輸工具司機的指揮監督權限,因此不是乘客的使用人」❷,但後座乘客又何嘗對機車騎士有指揮監督權限? 對於民法第 224 條的「使用人」概念,終究以回歸「依債務人意思,代為履行債務者」為宜,始能根本解決問題。

---

❷ 參閱例題 11、19。

例題 41【夜市的粉圓攤】──假設性因果關係

A 在夜市販賣包心粉圓，因粉圓添加「順丁烯二酸酐」，故特別 Q 軟，生意不錯。某日 A 又向粉圓廠進貨一批，卻因顧客 B 的不小心而被打翻，估計 A 三天將無法做生意，A 向 B 請求賠償。

1. 但當晚夜市卻因打雷擊中道路油氣管線，導致氣爆，夜市全毀，預計必須一個月才能恢復夜市營運。A 得否向 B 請求損害賠償？
2. 三天後，衛福部公告粉圓不能添加「順丁烯二酸酐」，已添加的粉圓一概必須銷毀。有無影響 A 的求償？
3. 如果確認油氣管線氣爆是因油廠的疏失而引起，結果有無不同？

說明

民法損害賠償在回復原狀的原則下採「差額說」，對損害數額採具體計算，基於此精神，則須對所有「可能」會影響到所失利益的假設性事件，都列入計算考量，民法第 216 條第 2 項是對損害的假設性因果關係的明文規定。本例題即是對損害的假設性因果關係為說明及練習。

擬答

A 可能可以向 B 根據侵權行為（民法第 196 條）、不完全給付規定及民法第 216 條第 2 項，請求賠償粉圓的價值（所受損害），及可能會喪失的營業利益（所失利益）。而此一損害賠償的成立，可能會因以下的事實，而另有考量：

1.夜市全毀

問題在於，當晚夜市因打雷擊中道路油氣管線，導致氣爆，夜市全毀，B 可否主張 A 終究無法營業，故也無所謂營業利益喪失可言。B 的主張，法律理論稱之為 **「假設性的因果關係」**（或稱 **「超越的因果關係」**），至於損害

賠償的計算，是否必須考量「假設性的因果關係」? 不無爭議:

⑴否定說

德國帝國最高法院**❸**早先表明，一次因果就是因果，不能因之後的事件，而否定已發生的因果，因此不須考量假設性的因果關係。以本題而言，B 打翻 A 的粉圓，自須對所有的損害負責，也包括營業利益喪失的損害賠償。

⑵肯定說

少數說**❹**則以為，基於損害賠償回復原狀的「差額說」，當然必須對所有的事件為考量，因此本題 A 就不能請求營業利益喪失的賠償。

⑶通說

a.法益客體本身的損害

今日學說通說**❺**以為，假設性因果關係是否應列入損害賠償請求的考量，應區分「法益客體本身的損害」或是「結果損害」。就前者而言，確實已經發生的因果，不容被否認，因為被害人一旦法益受侵害，該法益受傷害的損害賠償請求權，即刻存在，而不容許因事後的原因被否認，例如被害人在街頭被搶，不容搶匪主張反正受害人也會在下個街頭被搶，而否認自己的賠償責任。以本題而言，B 打翻 A 的粉圓，所有權即受侵害並即生損害，B 就必須對此為賠償，而不能主張事後的原因，否認已經造成的損害。

b.結果損害

對於法益客體本身所遭受的損害，不須考慮假設性因果關係，但對於法益客體本身以外損害，所造成的後續結果損害（或是稱之為「間接損害」），例如所失利益喪失的損害，通說以為即必須考量假設性因果關

---

❸ RGZ 141, 365, 369.

❹ MünchKomm/Gursky, vor §249 Rdn. 83; Esser/Schmidt, §33 IV 1.

❺ Larenz, SchR I §30 I; Staudinger/Medicus, §249 Rdn. 104; Palandt/Heinrichs, vor §249 Rdn. 102.

係，因所失利益是在探求傷害事件所可能會造成的後續損害結果，本就必須考量後續所可能發生的假設性事實。對此本題擬答亦採通說見解，因為民法第 216 條第 2 項即明示在計算後續的結果損害時，須將所有可能影響損害數額的情況，加以考量（假設性因果關係）[66]：「依通常情形，或依已定之計劃、設備或其他特別情事，可得預期之利益，視為所失利益」，依此本題在考量 A 營業利益損害賠償時，就必須考量在 B 打翻 A 的粉圓後，當晚夜市就因打雷擊中道路油氣管線，導致氣爆而全毀，A 並無法營業而無法取得營業利益，故無法向 B 請求賠償。

結論：A 可以向 B 請求粉圓滅失的賠償，但不能請求營業利益賠償。

2.事後衛福部公告粉圓不能添加「順丁烯二酸酐」[67]

⑴責任成立的因果關係

如上述，根據通說，對於 A 因粉圓客體本身受侵害，所衍生的損害賠償問題，此一部分不考慮「假設性因果關係」，因此，即使事後衛福部公告要銷毀添加「順丁烯二酸酐」的粉圓，也不影響 A 的粉圓被 B 打翻的因果事實。

⑵責任履行的因果關係

至於粉圓價值的認定，如果堅持認為「對於法益客體本身所遭受的損害，不需考慮假設性因果關係」，則受害客體的價值認定，似乎也不須考慮假設性因果關係，而應以損害發生時為準[68]，依此本題即使衛福部事後公告粉圓不能添加「順丁烯二酸酐」，導致已經添加的粉圓市價大跌，甚而一文不值，也不在考量的範圍內，故 A 似仍可以向 B 請求當時粉圓市價的賠償。

---

[66] 參閱例題 36。

[67] 本題請和違法瑕疵自始存在的違章建築案例相區別：參閱劉昭辰，債法總論實例研習——法定之債，例題 36【違章建築的毀損】。

[68] 參閱 Köhler, SchR I PdW Fall 159 及孫森焱，民法債編總論（上），第 452 頁。

但若認為**損害賠償的物之價值認定，應依通說的「損害賠償義務履行時」為準❻**，則在損害事件發生後，粉圓價值在市場上的波動，自必須被考量，不排除在認定物之價值時，應考量「假設性因果關係」。換言之，根據通說，在「責任成立的因果關係」認定上，雖不考慮「假設性因果關係」，但卻應在「責任履行的因果關係」決定損害數額時，考慮「假設性因果關係」，故而添加「順丁烯二酸酐」的粉圓，因事後衛福部的公告導致市價大跌，以致一文不值，A 自然就無法主張粉圓滅失的賠償。或許會有人認為，添加「順丁烯二酸酐」的粉圓在黑市上仍有其經濟價值，但因添加「順丁烯二酸酐」的粉圓經濟價值利益，實違反法律強制規範意旨及公序良俗，故基於不法利益不予保護之原則，自也不應同意 A 可以向 B 請求粉圓黑市市價的賠償。

結論：A 不能向 B 請求粉圓滅失的賠償。

3.油廠疏失引起管線爆炸

若認為在計算「所失利益」損害數額時，須考量假設性因果關係，則當在**損害另由第三人行為所引起時，**不免會發生受害人的求償陷於窘困的情況：例如本題管線爆炸是由油廠疏失引起，則似乎油廠就必須對 A 為賠償，特別是營業利益的賠償。問題在於，油廠可否主張 B 早已將 A 的粉圓打翻，故營業利益損害應是由 B 負責。若是，則當 A 對 B 請求營業利益賠償時，B 可能可以主張管線爆炸導致夜市全毀的「假設性因果關係」，而拒絕賠償，結果 A 將兩頭落空。**為避免假設性因果關係所可能引起的求償窘況，通說❼以為，應由第一個加害者負起賠償責任為宜，**因為 B 實無法否認已經形成的因果關係，並否認自己的賠償責任。

---

❻ 參閱例題 32。

❼ Brox, SchR AT, Rdn. 356.

結論：A 應向 B 請求營業利益的賠償。

【題後說明】

1. 必須強調，如果堅持認為「對於法益客體本身所遭受的損害，不需考慮假設性因果關係」，因此損害賠償物之價值的認定，就應以損害事件發生時為準，而不再考量事後的「假設性因果關係」，則本例題即使衛福部事後公告粉圓不能添加「順丁烯二酸酐」，導致已經添加的粉圓市價大跌，加害人仍必須賠償粉圓的價值。即使如此，該說也強調，如果影響物之價值的因素自始就存在時，例如違章建築自始就因違法而須被拆除，則一旦違章建築被燒毀，在計算違章建築損害的價值時，自也必須考量該違章建築事後可能必須被依法拆除的事實（假設性因果關係），故加害人終究也無須負起損害賠償責任❼。

2. **唯有「即將」會影響物之價值的「假設性因果關係」，才必須在認定損害時被考量**，否則豈非所有物之損害賠償義務人都會主張「反正物終有一天都會腐爛」，而拒絕賠償；更甚者，加害人更會以「人終會一死」而拒絕受害人家屬購置靈骨塔的財產損害賠償（參照民法第 192 條第 1 項）。幾年前，挪威籍油輪阿瑪斯號擱淺並污染石門海域，報載外國法院曾以「大海有自清功能」而拒絕我國向油輪公司的求償，但「大海的自清功能」須持之以長久時間，而非短期可見效果，因此自不能考慮此一「假設性因果關係」。

3. A 因過失撞傷 B 致死，其配偶固然可以根據民法第 192 條第 2 項向加害人 A 請求因而所喪失對 B 法定扶養請求權的賠償，但在考慮配偶的所失利益賠償時，也須考量假設性因果關係，例如必須考量 B 已提出離婚訴訟，而且極可能離婚會成立，因此其配偶有可能因離婚而喪失法定扶養請求權。

---

❼ 建議讀者務必參閱劉昭辰，債法總論實例研習——法定之債，例題 36【違章建築的毀損】。並參閱臺灣高等法院 98 年上易字第 483 號判決。

例題 42【車禍未亡人的求償】──損益相抵

　　A 和 B 兩人結婚一年多，雖然 A、B 兩人上班工作所得不多，卻也生活快樂。某日 A 騎老舊的機車，在上班途中被 C 所駕駛的客運撞傷，不治死亡，機車也外觀毀損。在治喪期間，客運公司曾派員送慰問金 5 萬元，而 B 也收到親朋好友的奠儀總計 10 萬元。

　　在損害賠償的訴訟中，C 主張應扣除客運公司所致贈的 5 萬元慰問金及 10 萬元奠儀才是。此外，因為 A 去世，因此 B 每月可以省下對 A 的生活扶養費用支出（民法第 1003 條之 1），該部分亦應扣除才是。至於老舊機車修理後，外觀煥然一新，C 因此也主張 B 不應請求全部的修理費。是否有理？

說明

　　在計算受害人的損害賠償數額時，實務界早就將損益相抵原則列入考量，如此才能真實反映損害賠償的回復原狀原則，以免受害人反而因損害事件獲得利益，不符合損害賠償的法律價值判斷。但在民國 88 年增訂民法第 216 條之 1，明文將損益相抵原則列入民法規範，根據條文文意「基於同一原因事實」，反而發生適用上的困擾，值得立法者再討論。

擬答

　　B 可以根據侵權行為及民法第 194 條請求慰撫金賠償，並根據民法第 192 條第 2 項請求法定扶養請求權喪失的損害賠償。

1.差額說

本題比較有問題的在於損害賠償數額的認定上。根據「差額說」的具體計算方法，被害人可以就傷害事件發生前後法益比較所產生的差額，向加害人請求賠償。也就是在差額說下，本題 C 主張應扣除客運公司所致贈的 5 萬元慰問金及 10 萬元奠儀，因為該筆金錢是 B 因傷害事件所得的財產利

益，也應列入差額說下的傷害事件發生後的法益狀態，而加以扣除才是，是謂「損益相抵」。

2.損益相抵的原理及類型

本題若純粹以「差額說」觀點，而適用損益相抵原則，結果是否合理，不無疑問，因為損害賠償不僅為數學問題，更具有價值判斷的內涵，因此在運用損益相抵原則時，須有法律理論上的說理依據，才不會失之公允。基於損益相抵的適用情況複雜，因此今日德國學說以為，無法以單一的理論說明損益相抵原則，而僅能以個案及理由架構，來決定「損益相抵」[72]。可以考慮的類型，計有：

(1)同一原因事實

民國 88 年增訂民法第 216 條之 1 的損益相抵原則,文意將損益相抵原則適用於「基於同一原因事實受有損害並受有利益者」[73]。所謂「同一原因事實」，理當被理解成「直接因果關係」，而民法第 216 條之 1 之所以採行「直接因果關係理論」以決定「損益相抵」，其目的似要避免損害賠償義務人藉由受害人和第三人間關係所產生的利益,而不當減輕自己的損害賠償責任，例如損害賠償義務人不能主張受害人所取得的保險金給付必須列入「損益相抵」[74]，或是不能主張受害人所獲得親戚的奠儀必須列入損益相抵。此外，損害賠償的目的是在填補受害人的不利益，使之回復原先應有的法益

---

[72] 相較於德國學說放棄對損益相抵原則採單一理論，而改採類型化的發展來看，我國民法第 216 條之 1 的增訂卻是由原本放任學說發展「損益相抵理論」，而改為統一的「直接因果關係」標準，不無有偏限「損益相抵理論」發展，反其道而行之虞。

[73] 參閱最高法院 92 年臺上字第 1190 號判決。

[74] 參閱最高法院 68 年臺上字第 42 號判例:「按保險制度，旨在保護被保險人，非為減輕損害事故加害人之責任。保險給付請求權之發生，係以定有支付保險費之保險契約為基礎，與因侵權行為所生之損害賠償請求權，並非出於同一原因。後者之損害賠償請求權，殊不因受領前者之保險給付而喪失，兩者除有保險法第五十三條關於代位行使之關係外，並不生損益相抵問題」。

狀態，則若傷害事件本身的「當然結果」會帶來利益，則損害賠償的計算自然也必須考量整體傷害事件所會帶來的「當然結果」，則「直接因果關係理論」遂有其正當性。

準此而言，**本題 A 去世，因此 B 每月也可省下對 A 的扶養費用支出，基於同一原因事實的直接因果關係理論，該部分亦應根據損益相抵，加以扣除❼⑤。但最高法院 93 年臺上字第 1435 號判決卻否定損益相抵的適用❼⑥，**其理由謂：「末查父母對於子女之扶養費請求權與夫妻間之扶養費請求權各自獨立，且與侵權行為之損害賠償請求權迥然有別。子女遭不法侵害致死，其父母依民法第一百九十二條第二項規定，本得請求加害人賠償損害，其父母因而得免依民法第一千一百十六條之一規定支出夫對妻，或妻對夫之扶養費，依社會通常之觀念不能認係受有不當利益，加害人自不得因此而獲得減免損害賠償之義務，故父母請求加害人賠償損害時，無須扣除夫妻間應分擔之扶養費，庶免因侵權行為而生之其他利益歸諸加害人，始得謂與公平正義原則無違」。

最高法院以「社會通常之觀念」為理由，本題擬答深感懷疑，所謂「社會通常之觀念」究竟為何？是指喪親之痛？但喪親之痛是「非財產損害」，請求權人已經依民法第 195 條第 1 項獲得賠償，且民法第 192 條第 2 項的扶養利益喪失的損害賠償是對財產損害的賠償，自不宜和喪親之痛混為一談。抑或「社會通常之觀念」指對加害人的懲罰？但損害賠償的主要功能是在於「填補」受害人所遭受的不利益，而非在「懲罰」加害人，著實令人不解。最後，最高法院認為「庶免因侵權行為而生之其他利益歸諸加害人，始得謂與公平正義原則無違」，但如此不啻等同宣示：侵權行為所生的損害賠償，毫無「損益相抵」適用的可能性？！明顯地，如此的宣示並無任何法

---

❼⑤ 相同意見：史尚寬，債法總論，第 300 頁。

❼⑥ 另最高法院 94 年臺上字第 1301 號民事判決、王澤鑑教授（人格權法，第 471 頁）、林誠二教授（債法總論新解，上冊，第 589 頁）及孫森焱教授（民法債編總論，上冊，第 462 頁）亦採相同見解。

理依據。總之，上述最高法院判決並未給予具體合理的說明，僅以社會通常觀念為理由，明顯具有方法論上的瑕疵，實為遺憾。

(2)第三人的給與

損益相抵原則以「直接因果關係」為適用要件，以避免加害人利用第三人關係以減輕自己的損害賠償責任，固然有其根據，卻不應是唯一的根據觀點，因為損益相抵原則既是為「避免加害人反而因損害事件獲得利益」，則利益是「直接」或「間接」來自於侵害行為，就已非所問，而不排除即使是間接的利益取得，也應有損益相抵適用的可能。民法第 216 條之 1 的限制過於狹隘，也引起一般法律人在適用損益相抵時的困擾。

本題 C 能否主張應將親友所致贈給 B 的 10 萬元奠儀，及所任職的客運公司給與 B 的 5 萬元慰問金，列入損益相抵？所涉及的案例類型是：受害人由第三人取得給與利益，雖然不是「直接」因侵權行為而取得，而僅是「間接」因侵權行為取得，但是否有列入損益相抵考量的必要？該解答須取決於**第三人的給與動機**。例如本題親友所致贈的 10 萬元奠儀，目的是要安慰賠償請求權人並減輕喪葬費用支出負擔，而無意要減輕賠償義務人的損害賠償責任，當然就不容許賠償義務人主張損益相抵❼。至於賠償義務人任職的客運公司給與 5 萬元慰問金，固然也有安慰並減輕受害人負擔的目的，卻有更重要的目的：減輕賠償義務人的責任，因為身為僱用人的客運公司必須和受僱司機，根據民法第 188 條第 1 項負起連帶賠償責任，因此如果受僱司機會因自己的慰問金給與而減輕責任，客運公司也會減輕賠償責任，故合理的解釋，可以認為客運公司給與 5 萬元慰問金給 B，自具有減輕 C 賠償責任的重要目的。既然客運公司給與 5 萬元慰問金給 B，有為 C 減輕責任的目的，依此，本題擬答以為，C 也可以主張損益相抵。

(3)以新代舊

當賠償義務人根據民法第 213 條第 1 項或第 2 項，修復受損標的物，通常會發生兩種情況：一是標的物價值並無法因修復而完全回復，因此賠償義

---

❼ 孫森焱，民法債編總論（上），第 461 頁。

務人尚須根據民法第 215 條，賠償標的物所減損的商業價值❼；另一種情況是，標的物因修復的結果，以嶄新狀態出現，而增加標的物價值，則基於損害賠償回復原狀原則，賠償請求權人也不能取得此一利益，而應適用損益相抵原則，應在損害賠償數額的認定上，有所反映❼，學說稱此等案例為「以新代舊」，本題 B 所繼承的機車，因修復的結果，反而煥然一新，即是一例。

在適用損益相抵於「以新代舊」的案例時，首先應注意，**唯有標的物因以新代舊的賠償結果，而增加經濟上的價值時，才考量損益相抵；**反之，不予以考量，例如撞毀汽車的保險桿，而保險桿因重新烤漆煥然一新，此時就不應允許可以主張損益相抵，因為一般而言，汽車不會僅因保險桿煥然一新，就增加經濟價值。再者，在計算以新代舊的損益相抵數額時，所須注意的是受損標的物已經耗損的價值部分，應予以扣除，例如汽車因修理而更換新引擎，新引擎的修理費用是 10 萬元且可以再使用 10 年，但舊引擎卻已經使用了 4 年，故在計算修理費用的損害賠償時，應扣除舊引擎的折舊部分，因此賠償義務人僅須賠償 6 萬元即可❽。最後，必須注意以新代舊所會引起的強迫得利情形，例如本題老舊的機車雖會因修理而煥然一新，故增加經濟價值（事實認定），但該利益取得卻不符合當事人的預期，特別是因為老舊機車不會因為外表煥然一新，即增加使用期限，況且當事人也無出售機車的計畫。換言之，當事人從無整修老舊機車的經濟計畫，若本題適用損益相抵原則，則不啻強迫 B 須接受所不預期，也不願意接受

---

❼ 參閱例題 30。

❼ 參閱最高法院 77 年度第 9 次民事庭會議決議：「物被毀損時，被害人除得依民法第一百九十六條請求賠償外，並不排除民法第二百十三條至第二百十五條之適用。依民法第一百九十六條請求賠償物被毀損所減少之價額，得以修復費用為估定之標準，但以必要者為限（例如：修理材料以新品換舊品，應予折舊）。被害人如能證明其物因毀損所減少之價額，超過必要之修復費用時，就其差額，仍得請求賠償」。

❽ 參閱 OLG Bremen, VersR 84, 555。

的經濟利益，而有違誠實信用原則，故不應同意 C 可以主張損益相抵才是。

結論：C 可以主張客運公司所給與的 5 萬元慰問金，應列入損益相抵，但親友所致贈的 10 萬元奠儀，則不能列入損益相抵。根據最高法院意見，C 也不能主張 B 每月所省下對 A 的扶養費用支出，列入損益相抵。對於機車的修理費用，C 也不可以主張損益相抵。

第三章
其他債之關係

例題 43【舊車換新車】——代物清償

A 自覺汽車已經老舊，因此有意更換新車，而剛好 B 車商打出「舊車換新車」廣告，因此就向 B 車商訂購新車一部，並以太太 C 為保證人。B 見 A 的汽車外表保養得非常好，故願意以 3 萬元折抵。隔日 B 在接受 A 的舊車後，始發覺該舊車有嚴重瑕疵，一文不值。B 堅持 A 必須清償所剩餘積欠的 3 萬元價金，但 A 卻無力清償，B 想向 C 主張保證人責任，但 C 卻拒絕。是否有理？

說明

所謂清償，即債務人以合於債務本旨向債務人或是有受領權人為給付，債務因此消滅（參照民法第 309 條第 1 項）。但實務上不乏債務人使用同樣也會發生債務清償效果的法律機制，以代清償，本題的「舊車換新車」就是常見的替代清償機制的一種——代物清償，因此自有設計實例題，以供學習者練習的必要。

擬答

1.價金給付義務

B 可能可以根據民法第 367 條請求 A 必須給付全部的汽車買賣價金，而不能以舊車折抵 3 萬元價金。前提為：A、B 間的「**舊車換新車**」約定，是**民法第 319 條的「代物清償」契約**，而因代位物有瑕疵，故 B 根據民法第 359 條及第 347 條，解除以舊車折抵 3 萬元價金的代物清償約定，故 A、B 兩人負有義務，使其回復到原先的民法第 367 條的價金給付義務。檢查如下：

⑴「代物清償」的契約性質

根據民法第 319 條規定：「債權人受領他種給付以代原定之給付者，其債之

關係消滅」，本題債務人 A 原本應根據買賣契約負有給付價金的義務，卻和債權人約定，可以舊車折換現金，取代部分價金給付義務，故構成民法第 319 條的「代物清償」。至於代物清償的性質，學說有不同看法：有認為是以契約約定變更給付義務內容（債務變更）❶；也有認為是「互易契約」，即債權人在給付代位物的同時，放棄原給付內容❷；並也有認為「代物清償契約」是一種「清償契約」，即債權人接受代位物的同時，視為債務人已清償❸。學說意見雖分歧，區別實益並不大，例如不管採何見解，代物清償既是一契約，自然就有行為能力的要求。

(2)代位物的權利瑕疵或是物之瑕疵

代物清償的代位物若出現權利或是物之瑕疵，債權人應如何主張？民法並未明示，**最高法院 50 年臺上字第 1460 號判決認為應依民法第 347 條準用買賣規定**：「債權人受領他種給付以代原定之給付者，即所謂代物清償，而債務人得債權人之允許，以對於他人之債權讓與債權人，以代清償者，亦屬代物清償之一種，於法應認為有消滅債之關係之效力，惟因代物清償而讓與之債權有瑕疵時，由於代物清償乃有償契約，依民法第三百四十七條自應準用關於出賣人責任之規定，以資救濟」，本題擬答亦認同之❹，由上述分析代物清償的法律性質可知，代物清償契約是一種債權人付出對價以取得代位物的約定，是一種有償契約，因此一旦代位物有瑕疵，根據民法第 347 條準用買賣規定，確實有其正當性解除契約。依此，本題 B 可以根據民法第 359 條解除代物清償約定，自是有理。

---

❶ Esser/Schmidt, SchR I §18 I 2.

❷ BGHZ 46, 342.

❸ Larenz, SchR I §18 IV.

❹ 並參閱邱聰智，新訂民法債編通則（下），第 725 頁；孫森焱，民法債編總論（下），第 1051 頁。

2.保證責任

本題 C 是擔保買受人 A 的價金給付義務的保證人（參照民法第 739 條）。問題是 C 的保證責任範圍是否及於代位物的瑕疵？

(1)保證責任範圍

通說❺以為，根據民法第 319 條，**代物清償會發生債務清償效果，故原先對債務之擔保，基於從屬性，原則上自應因而消滅，不再須為之後的代位物瑕疵負責。**對此，本題擬答亦認同之，特別是當擔保人在擔保債務人的給付義務時，並不知之後會有「代物清償」情況，因此也不宜對擔保人追究代物清償的擔保責任。但必須強調，不排除可以經由擔保契約的解釋，認定擔保人也願意就代物清償的內容為擔保，以本題為例，C 身為買受人 A 的太太而對買賣契約為保證，自應知道 A 有意以「舊車換新車」的方式訂立買賣契約，依此可以認為，C 當初應有意對「舊車換新車」為保證，因此一旦舊車有瑕疵，出賣人 B 自也可以對保證人 C 主張保證責任。

(2)代物清償契約解除後的擔保責任

本題出賣人 B 根據民法第 359 條解除代物清償契約，故買賣雙方即負有回復原狀的義務，買受人 A 仍負有給付原價金的義務。問題是在於，一旦買受人無力清償原價金，出賣人是否可向保證人主張保證責任？學說有爭議：一說❻認為代物清償契約一經解除，即回復原債務，因此保證人當然須對原債務負起保證責任，但**通說❼則以為，代物清償契約具有清償並消滅原債務的效力，因此原債務的擔保隨代物清償契約的有效成立而消滅**，因為即使雙方當事人解除代物清償契約，但解除的效果僅賦予雙方當事人負有「回復原債之關係」的「義務」而已（參照民法第 259 條第 1 款）。換言

---

❺ 林誠二，債法總論新解（下），第 485 頁；劉春堂，民法債編通則㈠，第 372 頁。

❻ Fikentscher, SchR §39 I 1; Larenz, SchR I §18 IV.

❼ BGHZ 46, 338. 並參閱史尚寬，債法總論，第 777 頁；林誠二，債法總論新解（下），第 485 頁；孫森焱，民法債編總論（下），第 1055 頁。

之，本題出賣人 B 根據解除後的效果，請求買受人 A 必須回復原先債之關係，也僅得請求買受人 A 除必須回復原價金給付義務之外，並「請求」必須回復 C 的保證人地位，而非直接對 C 主張保證人責任。因此，當本題買受人 A 拒絕或無力回復 C 的保證人地位，出賣人 B 也無得對 C 直接主張保證人責任。

上述的學說爭議，對本題的影響不大，因為本題既然 C 對「舊車換新車」的舊車折抵為保證，在契約的合理解釋下，應也可以認為 C 有意就代位物因瑕疵所生的結果負責，自也包括願意對出賣人解除代物清償契約後的效果負責。因此本題保證人 C 終究必須對買受人 A 無力清償價金負起保證責任。

結論：B 有道理，C 必須負起保證責任。

【題後說明】

1. 代物清償在實務常見，不容小覷。例如物權法的「流質」或「流押」約定，都是代物清償。

2. 學說❽以為代物清償一定是「要物契約」，因此僅約定負擔他種給付之債務，並非代物清償，而是「債之變更」。作者以為，民法第 319 條所謂「受領」他種給付者，意指代物清償是一「契約」❾，而非強調代物清償是一「要物契約」，代物清償只是清償的一種替代方式，只要符合民法第 319 條

---

❽ 林誠二，債法總論新解（下），第 482 頁；孫森焱，民法債編總論（下），第 1051 頁；陳啟垂，民法債編總論實例研習，第 669 頁，並參照最高法院 65 年臺上字第 1300 號判例：「代物清償為要物契約，其成立僅當事人之合意尚有未足，必須現實為他種給付，他種給付為不動產物權之設定或轉移時，非經登記不得成立代物清償。如僅約定將來應為某他種給付以代原定給付時，則屬債之標的之變更，而非代物清償」。

❾ 參照最高法院 97 年臺上字第 52 號判決。

代物清償定義:「受領他種給付,以代原先給付」,即是代物清償,給付並不須限於有體物。換言之,代物清償的類型頗多,凡是債權人接受新的清償方式,致舊債務消滅者,就是「代物清償」,故即使同意接受新的債之關係(債之變更),使舊債之關係消滅,也可以是代物清償❿。

3. 代物清償立即發生債的清償效果,而新債清償則須直到新債務被清償,舊債務才消滅,因此若新債務不足清償舊債務部分,舊債務則繼續存在。至於當事人究竟是要成立代物清償或新債清償?應取決當事人意思,往往須透過契約的解釋,始能得知。例如以銀行或是郵局匯款方式為清償,就宜認為是代物清償,而以支票或信用卡方式為清償,就宜認為是新債清償。但如果實無法得知當事人真意時,則根據民法第 320 條推定是「新債清償」。

新債清償時,舊債務直到新債務清償前,並不消滅。換言之,此時新、舊債務併存,根據契約的解釋,應認為雙方約定債權人應先就新債求償,而不能棄新債於不顧,而仍向債務人主張舊債的清償。

4. 代物清償契約就如同一般的物權行為,是無因行為,故雖其原因在於「清償」舊債務(清償原因),卻不會因舊債務不成立或無效,故清償原因無法達成而使代物清償契約隨之不存在,只是債權人須根據給付型不當得利,將所得的代位物返還於債務人⓫。

---

❿ 但如果當事人約定,舊債務直到新債務清償後才消滅,則如此的「債務更新」則是新債清償:參閱 Palandt/Grüneberg, 67. Aufl., §364 Rdn. 3。不同意見:陳啟垂,民法債編總論實例研習,第 669 頁。

⓫ 參閱孫森焱,民法債編總論(下),第 1053 頁。

例題 44【代賣咖啡豆】——新債清償

A 經營咖啡專賣店，委由咖啡豆進口商 B 進口一批咖啡豆，總價 100 萬元。因 A 遲遲無法清償價金，B 得知有商家 C 願意購買該批咖啡豆，故提議由 A 授權 B 代為出售咖啡豆，以作為清償，A 同意並交付咖啡豆給 B。

在 B 的努力下，C 終於願意以 110 萬元成交購買該批咖啡豆。誰知 C 在給付 80 萬元後，亦無力再給付清償。B 又轉向 A 求償 20 萬元，A 拒絕。試問：誰有道理？

說明

本例題設計目的在釐清「代物清償」和「新債清償」的區別，並提供法律實務工作者能做出最適合的選擇。也建議讀者，應將本題和例題 5【凋謝的鬱金香】一起閱讀，並做區別。

擬答

1.法律性質

本題 A、B 兩人約定，由 B 代為出售咖啡豆，以為清償。這樣的契約訂定，法律性質究竟為何？明顯地，A、B 兩人並無意以咖啡豆作為替代價金清償的客體，因此也無意以咖啡豆作為民法第 319 條「代物清償契約」的代位物。但可以考慮，A 同意由 B 代為出售咖啡豆，以作為清償，如果是意在以移轉讓與出售咖啡豆所得的「債權」本身作為清償，則不排除是一種「代物清償」，但如果是兩人僅意在使 B 取得代 A 收取債權的權限，並以所得的「價金」作為清償，則就是民法第 320 條的新債清償❷。

---

❷ 新債清償是清償的替代方式之一，有許多的類型，因此對於民法第 320 條的新債清償，應以寬廣的觀點加以認定：只要債權人的原債權繼續存在，而在此之外又取得額外的清償可能性，就是一種「新債清償」。

2.利益取得及風險承擔不同

兩者區別乃於利益取得及風險承擔不同。就利益取得而言，如果是債權讓與的代物清償，則 B 就可依債權人地位收取 C 全部 110 萬元的給付，而無須返還多出的 10 萬元給 A。但若 A、B 兩人的意思，僅讓 B 取得代為收取價金並以之為清償的權利，是為民法第 320 條的新債清償，則 B 只能收取 100 萬元，而必須將所剩的 10 萬元返還於 A（參照民法第 541 條第 1項）。就風險承擔而言，如果是代物清償，則因 B 同意受讓出售咖啡豆所得的債權，以作為清償，則 A 的舊 100 萬元債務就因此而消滅，咖啡豆的新買受人 C 之無清償能力，風險須由 B 承擔，B 不能再向 A 求償不足部分。但若是新債清償，則在新債務未被清償前，舊債務不消滅，或是新債不足清償部分，舊債務仍繼續存在，因此 B 無須承受新債的債務人 C 無法清償的風險，故 B 仍可以就舊債未被清償的 20 萬元部分，向 A 主張。

3.推定新債清償

至於當事人究竟是成立代物清償抑或新債清償，往往必須透過契約的解釋，而上述的「利益取得」及「風險承擔」即是一個解釋上的有力支撐點。但若仍無法透過契約的解釋得出當事人真意，以本題而論，就應適用民法第320 條，推定是「新債清償」，故終究 B 仍可就舊債未被清償的 20 萬元部分，轉向 A 主張。

結論：B 有道理。

【題後說明】

　　強制執行法第 115 條第 2 項規定：「前項情形，執行法院得詢問債權人意見，以命令許債權人收取，或將該債權移轉於債權人。如認為適當時，得命第三人向執行法院支付轉給債權人」。其中「命令許債權人收取」或「得命第三人向執行法院支付轉給債權人」都是一種新債清償方式，而「將該債權移轉於債權人」則是代物清償。有鑑於利益取得及風險承擔的不同，債權人宜慎選之，法院也應適當裁定之。

例題 45【外幣兌換】──抵銷的要件

A、B 是多年好友，常在一起打麻將，長久下來，A 已經積欠 B 共 20 萬元新臺幣。某日 A 交付給 B 新臺幣 30 萬元，請託 B 到銀行代為購買 1 萬美金外幣，作為出國旅遊之用，B 卻僅交還 3333 美金外幣給 A，因為 B 認為 A 剛好清償所積欠的 20 萬新臺幣債務。A 雖覺得無奈，也只得答應。事後 A 因欠缺足夠美金，而無法出國旅遊，故堅持 B 必須再給 6667 美金，是否有理？

說明

債務人主張抵銷，可以發生債務消滅效力，因此抵銷也是清償的替代機制之一，在實務上也常見。本題首先對抵銷的要件為練習。

擬答

因為 A 委任 B 代為換購美金，故 A 可能可以向 B 請求一萬美金給付的請求權基礎是民法第 541 條第 1 項。但如果 B 可以有效主張抵銷，則 B 的一萬美金的給付義務，就可能僅剩下 3333 美金。民法第 334 條對抵銷做如下規定：「二人互負債務，而其給付種類相同，並均屆清償期者，各得以其債務，與他方之債務，互為抵銷。但依債之性質不能抵銷或依當事人之特約不得抵銷者，不在此限」，依此，檢查有效的抵銷要件如下：

1.積極要件

⑴互負債務

原則上當事人須為債務人，同時也為債權人，才能主張抵銷。換言之，當事人不能就第三人所積欠的債務，向債權人主張抵銷（但也有例外情況，例如民法第 299 條第 2 項）。本題事實符合此要件。

⑵同種類之債

當事人間所互負債務須是同種類，始有抵銷的可能性，乃因**抵銷的法理實源於羅馬法法諺：dolo agit qui petit quod statim redditurus est（須立即返還的利益，不得請求）**，以避免互負債務的當事人進行無謂又繁瑣的相互給付過程，故此一抵銷原理自只有在同種類之債的給付，始有適用的可能。本題 A 所積欠的是 20 萬元新臺幣，但 B 所必須交付的是 1 萬美金，是否屬於同種類之債？不無爭議❸。本題擬答以為，外幣之債也為金錢之**債，金錢之債重在「價值」，故外幣之債也是一種價值之債，因此不應排除不同的貨幣之間，可就其價值而抵銷**，至於貨幣之間匯率的折算，應以抵銷時為準。**當然不排除若雙方當事人堅持只能以外幣給付，致使外幣之債由「價值之債」成為「特定內容之債」，則不同貨幣的債之關係即不能相互抵銷**，對此特別的可能性，留待以下再加以說明。

⑶債之關係必須存在，且屆清償期

抵銷條文規定，當事人間的債之關係只須屆清償期就能抵銷，而無須陷入給付遲延。然條文又嚴格規定須兩者債之關係都屆清償期，始能抵銷，就立法妥當性而言，不無疑問，因為抵銷人願意放棄自己所積欠債務的期限利益（除非約定不可期前清償：參照下述的民法第 337 條），實不見有不許之處。但無論如何，本題事實符合民法第 334 條「兩者債務屆期」要件要求。

2.消極要件──主債權不能有抗辯權存在

民法規定了許多抵銷的消極要件，以限制抵銷。就本題而言，必須考慮的是民法第 337 條：「債之請求權雖經時效而消滅，如在時效未完成前，其債務已適於抵銷者，亦得為抵銷」。本條文限制債務人不得以已經罹於時效的債權，向相對人主張抵銷，以避免變相剝奪相對人因時效所生的拒絕給付抗辯權利。基於同樣的自然債務本質及立法理由，如果認為賭債有效，只

---

❸ 例如 Stürner 教授 (Jauernig/Stürner, §387 Rdn. 6) 就認為兩者是屬於不同種類之債。

是債務人具有可以拒絕給付抗辯權的自然債務❶，也應類推適用民法第337條，而不允許賭債的債權人可主張抵銷，否則不啻等同無請求效力的債權人可以強制相對人履行，而違反自然債務的本質。

3.契約約定

(1)契約限制抵銷

民法第334條但書明言:「但依債之性質不能抵銷或依當事人之特約不得抵銷者，不在此限」，因此，不排除可以透過契約的解釋，得出雙方當事人有默示限制抵銷的合意❶。首先本題A委託B代為兌換外幣美金，因此B負有給付所兌換1萬美金給A的義務，但A積欠B20萬元新臺幣，兩者都是金錢之債，為一價值之債，本不排除仍屬同種類之債而可以抵銷，但A委託B兌換外幣是為出國旅遊之用，則A對B的1萬美金外幣之債，自有其目的性，而非是純粹的價值之債，而是「特定給付內容之債」，故本題擬答以為，B就不能再以對A的新臺幣之債主張抵銷。

此外，以本題而言，A委任B代購外幣，且委託代購1萬美金，依契約的意義及目的，解釋上應認為兩人有禁止抵銷的合意，而禁止B主張抵銷，否則A委託B代購「1萬美金」就會變成只代購「3333美金」，根本不符合當初的委任目的，故B終究必須交付1萬美金給A，以完成委任契約。

(2)契約合意抵銷

民法第334條所規範的是債務人以**單獨意思表示行使抵銷權**（參照民法第335條第1項），並以嚴格的構成要件以限制債務人抵銷形成權的行使。必須強調，即使不符合民法第334條以下的抵銷要件，致債務人無法行使抵銷形成權，**卻不排除當事人之間仍可以契約約定抵銷**，例如當事人仍可以契約約定，對已經罹於時效的債權為抵銷。以本題而言，雖然如上所述，

---

❶ 賭債和自然債務之關係，請參閱孫森焱教授（民法債編總論，上冊，第13頁）詳盡的分析。

❶ 參閱 Soergel/Schmidt, §387 Rdn. 13。

即使存在許多理由可否定 B 主張抵銷的可能，但因 A 仍合意接受 B 的抵銷主張，雙方有意成立抵銷契約，基於有效的抵銷契約，仍發生抵銷效力。

結論：B 無須再給付 6667 美金給 A。

【題後說明】

1. 固然本題因 A 合意接受 B 的抵銷主張，不排除發生抵銷效力，但其前提是根據最高法院意見，對賭債採自然債務的觀點。若認為賭債非債，則 A、B 是否仍可合意抵銷？不無疑問。作者以為，如果 A 明知賭債非債，卻仍合意抵銷，則基於誠信原則「矛盾行為禁止」，A 不能再質疑抵銷的成立。但若 A 不知，則不排除可以根據民法第 88 條第 2 項主張對債權性質發生錯誤，而撤銷抵銷契約。

2. 賭博契約之所以無效，並非因違反公序良俗之故，否則購買公益彩券契約豈不是亦為無效？賭博契約之所以無效，乃因賭博易使人上癮，往往會導致契約當事人傾家蕩產，而具有危險性之故，故宜以法律限制之（民法第 71 條），令唯有在受國家許可及監督下的特定賭博遊戲類型及金額，始為有效，期使能藉由管控，而不致賭博無限蔓延，無所不在。

例題 46【銀行的車貸債權】——抵銷的溯及效力

　　A 向 B 銀行貸款 40 萬元購車，利息為年利率 4%，而 A 此一年來皆一直準時繳交本金及利息。

1. 一年後 A 發現，原來 B 銀行在三年前計算錯誤丈夫的商業貸款數額，因此尚須返還丈夫 40 萬元。A 建議丈夫將債權讓與給自己，以進一步向銀行主張抵銷，並請求銀行除須返還一年來所繳的車貸本金外，也須返還利息。是否可行？

2. A 因在 B 銀行滑倒，經過訴訟後，法院判決 B 銀行必須賠償 A 總計 10 萬元慰撫金。A 或銀行得否主張抵銷？

說明

　　在上一題對抵銷的要件為練習後，本題繼續對抵銷的溯及效力為練習。

擬答

1. 誤算商業貸款數額

⑴抵銷的溯及效力

　　A 可向 B 銀行請求返還一年來所多繳的利息之請求權基礎，可能是依民法第 179 條的給付型不當得利，但前提是 A 並未積欠銀行 40 萬元。A 一年前因車貸，積欠 B 銀行 40 萬元及年利率 4% 利息，銀行 B 一年來不間斷收取 A 所繳納的利息，本有法律上原因。但若該法律上的原因，因故事後消滅，即 A 所積欠銀行的 40 萬元車貸，事後因故消滅，根據不當得利規定：「雖有法律上之原因，而其後已不存在者，亦同」，仍屬無法律上原因受領利益，銀行 B 即須返還所收受的利息於 A。

　　本題因為 A 受讓丈夫對銀行的 40 萬元債權，即和銀行互負債務，根據民法第 334 條似乎就可以主張抵銷 40 萬元，而根據民法第 335 條第 1 項規

定:「抵銷，應以意思表示，向他方為之。其相互間債之關係，溯及最初得為抵銷時，按照抵銷數額而消滅」，因抵銷具有溯及效力，因此 A 就似乎可以主張自始並無積欠銀行 40 萬元車貸債務，故也無積欠年利率 4% 利息，因此銀行似須將一年來無法律上原因所取得的利息，根據不當得利返還於 A。

(2)對已經清償的債務抵銷

問題是，已經正常清償債務的債務人是否仍可以就已經清償的債務主張抵銷？少數說❶❻認為，一個存在有永久性抗辯權的債權，就經濟層面觀之，一文不值，等同債權不存在，因此若債務人不知而為清償，不排除仍可以根據不當得利請求返還；依此，一個存在有抵銷權的債權，亦應做相同的解釋，故本題即使 A 已經清償車貸，亦應同意 A 仍可以主張抵銷，並基於撤銷權的溯及效力，根據不當得利請求返還一年來所繳交的本金及利息。惟通說❶❼以為，抵銷是清償的替代方式之一，具有和清償相同的效力，因此不容以抵銷的溯及效力，否認先前的清償結果，危害清償的確定性及交易安全性，依此本題不應允許 A 可以就已經清償的車貸為抵銷。

結論：A 不能主張抵銷。

2.侵權行為之債

A 或銀行得否主張抵銷？取決於**民法第 339 條對抵銷的限制:「因故意侵權行為而負擔之債，其債務人不得主張抵銷」**。本題銀行因疏於營業場所的安全注意（社會安全注意義務），雖必須對 A 負起侵權行為責任，惟該侵權行為卻是因過失所引起，即無民法第 339 條的適用，至此似乎不排除 A

---

❶❻ Erman/Westermann, §389 Rdn. 7. 並參閱史尚寬，債法總論，第 81 頁。但我國通說卻是否認此一觀點：參閱最高法院 63 年度第 2 次總會議決議；孫森焱，民法債編總論（上），第 356 頁。

❶❼ Larenz, SchR I §18 IV d.

及銀行都可以主張抵銷。

但**民法第 338 條又規定：「禁止扣押之債，其債務人不得主張抵銷」**，而本題 A 所擁有對銀行的慰撫金請求權，在法律價值判斷上，一向被認為具有一身專屬性而不得讓與（參照民法第 195 條第 2 項），亦不得扣押，因此根據民法第 338 條，銀行不能向 A 主張就車貸為抵銷。但慰撫金請求權的一身專屬性，乃為請求權人利益而設想，因此不排除慰撫金請求權人 A（債權人）仍可以向銀行就車貸主張抵銷，但必須強調，A 也僅能就尚未清償的車貸部分為抵銷，而不能抵銷已經清償的車貸部分。

結論：A 可以向銀行主張抵銷，但銀行不能向 A 主張抵銷。

【題後說明】

1. 民法第 323 條規定：「清償人所提出之給付，應先抵充費用，次充利息，次充原本」，因此若債務人（清償人）在先清償利息後，才取得對債權人債權，因本金尚未被清償，故即可以主張抵銷本金，且抵銷具有溯及效力（參照民法第 334 條），故債務人（清償人）先前所清償的利息，即成為無法律上原因的給付，可根據不當得利向債權人請求返還。

2. 固然民法第 339 條規定：「因故意侵權行為而負擔之債，其債務人不得主張抵銷」，但不乏有學說❶認為，因互毆所生的侵權行為債務，不排除相互間仍可以主張抵銷，蓋因兩人都無受特別保護必要。

---

❶ Jauernig/Stürner, §393 Rdn. 2.

例題 47【不動產紅單】——債權的讓與擔保

> 　　A 是績效優良的房屋仲介公司。某次 A 又看準某房地產，故向建設公司購買特定的預售屋一棟，而取得「紅單」債權（民法第 348 條第 1 項），待價而沽。後因 A 有財務需求，須向 B 銀行借貸 500 萬元，故和 B 銀行約定，讓與紅單為擔保，卻未通知建設公司。
>
> 　　不久 A 破產，而預售屋也完工，建設公司將房屋所有權移轉讓與給 A 的破產管理人 C。B 銀行得知此事，要求 C 必須移轉房屋所有權，遭 C 拒絕，因為 C 認為 B 銀行身為債權人，僅能依破產程序，比例參與分配。誰有道理？

說明

　　在本書「清償」的章節中，已經提及「債權的讓與」可是一種「代物清償」制度，而本例題更是進一步練習「債權的讓與」也可為一種擔保制度。必須提醒讀者，以債權作為擔保制度，實務上尚有「權利質權」，相關問題及例題演練，讀者可以參考作者的《物權法實例研習》。

擬答

　　B 銀行可以向破產管理人 C 主張須償還，並移轉房屋所有權的請求權基礎，可能是民法第 179 條的「侵害型不當得利」，因為如果本題 B 銀行經由「讓與擔保」有效取得不動產紅單債權，一旦主債務人破產，債權人 B 基於擔保地位，即可以主張優先受償的「別除權」❶，故可主張第三債務人應向其為清償，而非是向破產管理人為清償。因此若第三債務人不知債權已經讓與，故而善意向原債權人為給付，例如本題建商在建屋完成後，善意向破產管理人 C 為給付，根據民法第 297 條第 1 項即對新債權人 B 發生債務清償效

---

❶ 請務必參閱劉昭辰，物權法實例研習，例題 44【紅磚生產工廠】，並和本例題相互比較。

力，故銀行 B 似乎可轉而向破產管理人 C 主張無法律上的原因侵害 B 的債權受領權限⑳，而受有房屋所有權利益，故不排除 C 應根據「侵害型不當得利」返還於 B。要件檢查如下：

1.B 有效取得不動產紅單債權

債權的讓與行為為一處分行為，以讓與人和受讓人之間的合意為要件，原則上亦無要式性。就本題而言，問題在於：A 所讓與給銀行 B 的不動產紅單債權，其內容是針對尚未完成的預售屋所有權移轉請求權，即「**將來債權**」為讓與，然學說㉑仍以為，基於私法自治原則，只要債權內容可得確定，無損及法律的確定性及交易安全性之虞，即使是「將來債權」亦可以為讓與，而本題的紅單債權即是針對特定的房屋為內容，債權內容具有可確定性，故可確認本題 A 可以其紅單債權，讓與給 B 銀行以擔保借款。

2.原債權人破產

必須強調，本題 B 銀行所受讓者為「將來紅單債權」，換言之，必須直到預售屋建造完成後，該紅單債權才確實存在，但紅單債權卻早已經讓與給 B 銀行，因此所產生的問題在於：本題第三債務人建商在完成預售屋時，紅單債權才確實存在，但此時原債權人 A 陷於破產，致 A 的財產處分權限受限，是否會影響新債權受讓人 B（銀行）取得紅單債權及受領給付權限的主張？

(1)直接取得說㉒

此說認為，債權受讓人以債權人地位，直接向第三債務人請求給付，因此，即使為「將來債權」的讓與，也應直接由第三債務人處取得給付物所有權，不會因原先債權人陷於破產，而影響新債權人取得的權限。

---

⑳ 參閱孫森焱，民法債編總論（上），第 155 頁。

㉑ 孫森焱，民法債編總論（下），第 964 頁。

㉒ Esser/Schmidt, SchR I §37 I 3.

⑵間接取得說❷

此說認為既然將來債權須直到標的存在後，始能成立，則應先由原債權人取得債權，其後再由新債權人取得債權。一旦期間原債權人破產，其處分權限即受限制，之後的債權讓與行為在未得到破產管理人之同意下，即為無效。

⑶折衷說❷

此說認為，將來債權的受讓人，是直接抑或間接取得債權，應視將來債權是否是附條件或是附期限的債權而定。如是，則新債權人所取得者即為一值得保護的期待權，故即使原債權人破產，新債權人仍可主張受領債權權限；反之則否，因新債權人對於一個根本不存在債權的期待利益，實不值得保護之故。

⑷解題意見

對此爭議，本題擬答亦採折衷說意見。誠如學說❷所言，破產管理人負有將破產財團依比例清償給全體破產債權人的義務，換言之，全體債權人對於破產財團都享有比例受償的相同權利，不容許有債權人藉由「將來債權」的預先讓與方式，規避可能的破產結果，即**凡是受讓將來債權之人，除非已經取得期待權，自就必須接受該尚未存在債權所可能產生的風險。**

結論：破產管理人 C 的主張有理。

【題後說明】

1.本題即使 B 銀行接受 A 以紅單債權設定權利質權，但因為此一權利質權也必須直到預售屋完成後，才能有效成立，故結果終究也會和接受「債權讓

---

❷ Egert, RBdgg, 1974, S. 60.

❷ Larenz, Allgemeiner Teil des SchR I §34 III; Palandt/Heinrichs, §398 Rdn. 11. 並請參閱劉昭辰，代理關係，第 58 頁。

❷ Medicus, JuS 67, 385.

與擔保」一樣，B 銀行不能主張優先受償。故建商如同時受有權利質權設定通知（或是債權讓與通知），又受有破產通知時，應向破產管理人為給付，並無民法第 899 條第 3 項責任問題。

2. 「紅單」是房仲業術語，意指民法第 348 條第 1 項的不動產買賣的所有權移轉請求權。而近來實務上不動產買賣雙方為避免「奢侈稅」，常以讓與紅單的方式為交易：A 將不動產出售於 B，但在兩年內不移轉不動產所有權，以避免奢侈稅的課徵❷❻。但 B 卻仍在兩年內待價而沽，將「紅單」繼續出售給第三人 C（債權買賣），牟取利潤，結果仍繼續助長房市炒作。

---

❷❻ 按民國 100 年所通過的「特種貨物及勞務稅條例」第 2 條第 1 項第 1 款規定，銷售「持有兩年內」的不動產，須課徵特種貨物稅（即俗稱的奢侈稅）。

例題 48【購屋和女兒同住】──債權讓與和擔保移轉

A 有鑑於女兒和女婿新婚，卻無屋可住，遂以自己長年的積蓄，換購空間較大的舊式公寓一間，但因仍不足價款，故向當鋪融資 200 萬元。當鋪質疑 A 的資力，故猶豫不決，同住的女兒 B 向當鋪表示「也願意負起責任」，女婿 C 也表示願意以公司股票讓與擔保給當鋪，當鋪始同意借款。後因當鋪有財務清算必要，遂將對 A 的 200 萬元債權讓與給銀行。

1. 如果 A 無法清償債務，銀行得如何主張？
2. 如果當鋪發現借貸契約自始受到 A 的詐欺，應如何主張？

說明

　　債權讓與的兩大效果❷：一是債權上的擔保，基於從屬性，法定移轉於新債權人（民法第 295 條第 1 項）；二是債務人地位不應受到影響，因此債務人對債權的原有抗辯，可以繼續對新債權人主張（民法第 297 條第 1 項及第 299 條）。本題即對債權上的擔保從屬性加以練習。

擬答

1. 銀行對 B、C 的主張

(1)並存的債務承擔

銀行可能可以主張，因 B 有意成立「**並存的債務承擔**」，故必須根據該債務的承擔，在適用民法第 295 條第 1 項下，負起債務清償責任。說明如下：雖然「並存的債務承擔」（請和民法第 300 條「**免責的債務承擔**」相區別）並未規範在民法中，但基於契約自由原則及相類似的民法第 305 條及第 306 條規定觀之，自為法律所許可，亦無要式要求。本題若 B 真的有意和當鋪成立「並存的債務承擔」，將會成為連帶債務人，則在當鋪將該 200 萬

---

❷ 參閱陳啟垂，民法債編總論實例研習，第 586 頁以下，值得細讀。

元債權讓與給銀行後，根據民法第 295 條第 1 項規定：「讓與債權時，該債權之擔保及其他從屬之權利，隨同移轉於受讓人」，似乎 B 的「並存的債務承擔」亦會隨之移轉至銀行，故不排除銀行確實可以向 B 主張 200 萬元債務的清償，蓋因「並存的債務承擔」和主債務並存，並非能獨立於主債務而單獨存在，屬於民法第 295 條之「從屬權利」的一種，而隨債權的讓與而法定一併移轉於新債權人。

問題在於，本題女兒 B 向當鋪表示「也願意負起責任」，究竟是意在成立「並存的債務承擔」？抑或僅是要成立保證契約而已（參照民法第 739 條）？有待意思表示的解釋。固然保證責任也是民法第 295 條所謂的從屬擔保，而必須隨債權讓與而一併法定移轉，但保證人卻可以主張民法第 745 條的先訴抗辯權，而債務承擔人卻無此抗辯，因此實有必要區分兩者。

究竟當事人是有意成立「並存的債務承擔」，抑或是要成立保證契約？關鍵在於，前者使得當事人成為（連帶）債務人，而後者保證人僅負債務履行的補充性責任而已，因此解釋上應探求當事人客觀上有無成為連帶債務人的利益考量可言？或是說：當事人有無自己的經濟利益考量，而訂立自己的債務履行責任❷❽？如有，即可以被認定是有意訂立「並存的債務承擔」，而非僅成立保證人地位而已。本題 A 向當鋪借貸 200 萬元，目的是要購屋和女兒 B 同住，女兒 B 自己由該借貸契約中獲得購屋居住的利益，甚而不排除之後也可繼承取得房屋的所有權，故而客觀上存在有自成為借貸債務人的利益，依此本題擬答傾向認為 B 應是有意成立「並存的債務承擔」，而非僅是成立保證契約而已。

⑵讓與擔保

根據民法第 295 條規定，須隨同債權讓與而一併移轉的，也僅限於具有從屬性的權利而已，換言之，不具從屬性質的獨立性擔保權利，並不須隨債權的讓與而一併法定當然移轉，本題的股票「讓與擔保」即是一例，**因讓與擔保契約本質上是「信託契約」的一種**，著重受託人的信用，故具有人

---

❷❽ 參閱 Brox, SchR BT, Rdn. 419。

身專屬性，不宜被認為具有和債權不可分離的從屬性質，故似乎本題銀行不能對 C 所移轉讓與給當鋪的股票，主張實行擔保。

然學說❷也強調，基於契約自由，不排除債權讓與的雙方當事人可以約定須移轉具有獨立性的擔保權利於新債權人，以供債權擔保，而且學說也強調，基於擔保的性質，甚而可以進一步推定：**債權讓與的雙方當事人有意願移轉具有獨立性的擔保權利給新債權人**。以本題為例，應可以認定，當鋪和銀行間應有默示約定，當鋪（債權讓與人）須移轉全部擔保權利給銀行（債權受讓人），包括具有獨立性的讓與擔保契約在內。基於讓與擔保的屬人性，債權讓與人如欲移轉讓與擔保物於債權受讓人，自須得到讓與擔保物原所有權人的同意，即本題必須得到股票原所有人 C 的同意。而學說也強調，不排除當事人可以自始就在讓與擔保契約中約定，一旦債權讓與，讓與擔保的債務人（信託人）就必須同意讓與擔保的債權人（受託人），可以移轉讓與擔保物所有權予新債權人。更甚者，有認為如此的同意應是自始就默示存在於讓與擔保契約中，如果讓與擔保的債務人（信託人）不同意移轉擔保物所有權於新債權人，須在讓與擔保契約中明示拒絕。依此，本題在欠缺 C 的明示下，銀行可以請求當鋪必須移轉股票權利，以供擔保的實行，是為有理。

結論：銀行可以向 B 請求履行 200 萬元債務的清償，並就 C 的股票實行擔保。

2.形成權

一般而言，**僅影響個別債權（狹義的債之關係）的「形成權」，亦是民法第 295 條所謂的「從屬權利」**，將會隨債權的讓與而一併移轉至新債權人，由新債權人決定是否行使，例如民法第 208 條的（意定）選擇權❸。但若是

---

❷ Medicus, SchR I §62 II 2.

❸ 民法第 208 條規定選擇之債的選擇權，在無特約下，由「債務人」行使，而不是由

會**影響整個契約關係（廣義債之關係）的形成權，例如本題的撤銷權，則學說❸❶即認為就不具從屬性**，應仍由原契約當事人決定是否行使。依此，本題因為借貸契約自始受 A 的詐欺，因此借貸契約的撤銷與否，本應由身為契約當事人的當鋪決定是否行使，而非是由新債權人銀行行使，但有鑑於撤銷權的行使終究也會影響到新債權人的權利，因此學說❸❷尚要求債權讓與人行使撤銷權時，須獲得債權受讓人的同意，始能為之，自是有理。

結論：當鋪在取得銀行同意下，始能撤銷借貸契約。

【題後說明】

1.實務上重要的附條件買賣（所有權保留買賣），也無民法第 295 條的適用。例如汽車出賣人 A 將汽車以附條件買賣的方式出售給 B，並交付汽車，但 A 仍保有汽車所有權，以供 B 無法清償價金的擔保。之後 A 將對 B 的價金請求權讓與 C，C 無得根據民法第 295 條，主張法定一併取得汽車所有權，以為債權擔保。但不排除 A、B 及 C 三方當事人，以契約約定，負有移轉汽車所有權予新債權人以供擔保的義務。

2.民法第 300 條「免責的債務承擔」，最常發生於購買存有抵押權的土地時，此時買受人即可以和債權人約定，承受出賣人的債務，並繼續以土地抵押作為擔保（比較民法第 873 條之 2 第 3 項）。

債權人行使，例如燒仙草配料任選三種，由商家任配，而不是由消費者任選？實不合生活經驗。其實經由契約的解釋可知，選擇之債的選擇權應是以由「債權人」行使為原則，始為合理，民法第 208 條有修正的必要。

❸❶ 孫森焱，民法債編總論（下），第 970 頁。

❸❷ Palandt/Heinrichs, §398 Rdn. 18. 但也有少數說認為，原債權人可以自由主張撤銷，只是必須對新債權人負起權利存在瑕疵擔保責任（民法第 350 條）。

例題 49【精品服裝店】──債權讓與和債務人的抗辯

A 開設服裝店，長期由大盤商 B 處引進各種外套、長裙販售。今年 3 月 1 日 A 又向 B 訂一批外套，並立即清償價金完畢，4 月 1 日訂一批長裙，約定一個月後清償價金。而因 B 有財務需求，故在 4 月 10 日將長裙的貨款債權讓與銀行 C，並立即通知 A。B 雖準時將外套及長裙交貨給 A，A 卻發現外套有嚴重瑕疵，A 依契約約定，僅能向 B 主張另行交付無瑕疵的新外套，但新外套卻仍有瑕疵。

1. 當銀行在 5 月 1 日向 A 主張長裙價金債權的給付時，A 隔日卻立即寫信向 B 表示解除外套買賣契約，並依約主張違約金賠償，轉而向銀行主張抵銷。是否有理？

2. A 向銀行主張，只要 B 未償還外套瑕疵的違約金，即就拒絕清償長裙價金給付。是否有理？

說明

本題要練習債權讓與的第二個重要效力：債務人對新債權人的抗辯（民法第 297 條第 1 項及第 299 條）。

擬答

1. 抵　銷

⑴互負債務

根據民法第 334 條規定，有效的抵銷前提必須是「二人互負債務」，即抵銷人必須和抵銷相對人同時互為債權人及債務人。本題 A 欲以 B 的外套違約金請求權，向銀行主張長裙價金債權的抵銷，並不符合該要件，但為保障債務人的權益不會因債權讓與而受影響，因此民法第 299 條第 2 項特別放寬要件，使債務人仍可以保有債權讓與時得向原債權人主張抵銷的可能性，

使其可繼續向新債權人主張抵銷:「債務人於受通知時,對於讓與人有債權者,如其債權之清償期,先於所讓與之債權或同時屆至者,債務人得對於受讓人主張抵銷」。

(2)同種類之債

問題在於,本題 B 將對 A 的長裙價金債權讓與給銀行時,抵銷人 A 固然取得對 B 外套買賣瑕疵擔保請求權(參照民法第 359 條及第 360 條),但當時 A 依約定,僅有另行交付無瑕疵之物的請求權,兩者之間,並非是民法第 334 條所謂的「同種類之債」,故當時 A 也無抵銷權可言。

直到債權讓與後,A 才又依約主張解除契約並請求違約金賠償,此時始取得對 B 的金錢債權,A 是否仍能向債權受讓人銀行主張抵銷,不無疑問。

無爭議的是,債之關係同種類性,無須在債權讓與時,就自始存在,只要同種類債之關係的法律基礎,在讓與時存在即可,例如本題 A 所要抵銷的「外套違約金債權」的基礎買賣關係,只要在「長裙價金債權」讓與時已經存在即可。學說所爭議的僅在於:債之關係的同種類性,須遲至何時存在? 少數說[33]認為,債之關係同種類性只要在抵銷意思表示時存在即可,依此本題似乎 A 就可以主張抵銷。但通說[34]以為,根據民法第 299 條第 2 項的規定,必須被抵銷的債權到期日(消極債權)晚於債權人自己的債權(積極債權),抵銷人才能主張抵銷,以保護債權受讓人已因債權到期所取得的請求給付利益,則本題作為消極債權的外套瑕疵違約金請求權,直到5 月 2 日才成立並到期,而同為金錢給付內容的長裙價金請求權卻早在 5 月 1 日就到期,因此 A 不能主張抵銷。

結論: A 不能主張抵銷。

---

[33] 參閱 Staudinger/Werner, 9. Aufl., §406 I 1。

[34] BGHZ 19, 153.

2.（類推適用）同時履行抗辯

A 向銀行主張「只要 B 未償還外套瑕疵的違約金，就拒絕清償長裙價金給付」的依據，可能是民法第 264 條第 1 項的「同時履行抗辯」。只是兩者債權，非出自於同一雙務契約，不具對價關係，不能直接適用「同時履行抗辯」，但只要兩者債之關係具有牽連性，不排除仍有類推適用同時履行抗辯的可能（參照最高法院 74 年臺上字第 355 號判決）❸❺。所謂給付「牽連性」者，意指基於同一經濟上的相關聯性所產生的給付關係，本題 A、B 間基於同一個服飾店生意，長期以來持續發生提供外套及長裙以供販售交易關係，故可以被認為是經典的具有經濟牽連性的給付關係案例，不排除有類推適用民法第 264 條第 1 項「同時履行抗辯」的可能。

基於債之關係的牽連性，因此本題如果 A 是向銀行主張「因 B 遲遲未能對早已到期的外套交貨，故拒絕給付長裙的價金」，換言之，如果 A 以外套給付遲延對抗長裙價金請求，尚屬有理，但本題 A 卻是以「外套瑕疵違約金債權」對長裙價金請求主張同時履行抗辯，而該債權卻是直到 5 月 2 日才發生並到期，並未先於已經在 5 月 1 日到期的長裙價金債權，故在類推適用民法第 299 條第 2 項的立法思維下，A 仍不能向銀行主張（類推適用）同時履行抗辯，拒絕自己的外套價金給付。

結論：A 必須向銀行給付長裙價金。

---

❸❺ 參閱例題 12。

例題 50【行政助理的薪資】──債權禁止讓與約定

1. A 是某公司的行政助理，領有月薪 3 萬元，公司在法務人員的建議下，和 A 約定，該薪資債權不得讓與，以免日後滋生困擾。因 A 財務陷於困難，遂向銀行 B 借貸 3 萬元，A 同意以下個月的薪資債權，設定權利質權給 B 銀行以為擔保。但因 A 又缺錢，又向 C 銀行借貸 3 萬元，並讓與下個月的薪資債權以為擔保。待 A 下個月無法清償對 B 及 C 的債務，B 銀行堅持自己的權利質權應有優先受償權利，是否有理？

2. A 將下個月的薪資債權讓與擔保給 C 銀行後，C 銀行立即通知公司，而公司基於 A 的辦事能力頗佳，遂勉為其難同意債權的讓與。不久公司又接到銀行 B 的權利質權設定通知，公司也勉為其難加以同意，並告知 B 銀行，該債權之前已被讓與給 C 銀行之事。此時 B、C 兩銀行頗有受騙感覺，而公司也不知如何清償。

說明

　　本題解題者必須練習對債權的處分行為效力，特別是因債權不具有體性，故實務上經常會被多次處分，其間處分效力如何，自有釐清必要。

擬答

1.權利質權的設定

　　B 銀行可能可以根據民法第 905 條第 2 項、第 900 條及第 884 條，向公司主張應優先就 A 的本月薪資 2 萬元部分，相較於 C 銀行優先受償。要件檢查如下：

⑴多次處分債權

　　本題 A 以其對公司的薪資債權，設定質權給 B 銀行，稱之為權利質權，此外，A 又將債權讓與給 C 銀行，以為擔保，是為債權讓與擔保。本題 A 是

對尚未發生的債權為處分，一旦債權事後確定成立存在，則根據通說意見❸，**債權人的處分行為效力，應以處分行為的先後次序加以認定**。依此，本題應認為 A 就薪資的 3 萬元設定權利質權給 B 銀行，先發生效力，其後才發生薪資債權讓與給 C 銀行的效力，基於民法第 901 條規定：「權利質權準用一般動產質權」，故權利質權也具有追及性，因此 C 銀行就必須承受 B 銀行的權利質權，且基於債權的無體性，債權受讓人並無善意取得可能，故本題初步可以認定，B 銀行主張 2 萬元債權部分的權利質權清償次序，優先於 C 銀行，似乎有理。

(2)債權禁止讓與

a. 公序良俗

B 向公司主張就薪資債權優先受償，前提必須是權利質權的有效設定。本題雖 A 以「將來債權」設定質權給 B 銀行，但只要該債權內容日後可得確定，仍為法律所許可，且根據通說❸意見，「通知債務人」並非是權利質權設定的成立要件，因此即使本題 B 銀行並未通知公司，亦不影響權利質權成立的可能性。

問題在於，本題公司自始就和 A 約定債權不能讓與❸，自始創設一個不可讓與的債權，根據民法第 900 條規定，唯有可讓與的債權始能設定權利質權，因此本題 A 是否有效設立權利質權，就不無疑問。而可以被質疑的是，禁止債權讓與有無違公序良俗而無效（參照民法第 72 條）？因為債權禁止讓與的結果，將使得債權人無法藉由債權獲得融資，限制個人經濟活動，將使銀行不敢接受債權讓與擔保或是權利質權的融

---

❸ 林誠二，債法總論新解（下），第 415 頁；邱聰智，新訂民法債編通則（下），第 685 頁。

❸ 參閱劉昭辰，物權法實例研習，例題 36【配偶的存摺】。

❸ 必須強調的是，即使時間上 A 先設定質權給 B 銀行，但不排除公司在得知後，仍可以事後和 A 約定債權不可讓與及設質，如此 A 的質權設定行為仍是不發生效力：參閱 Erman/Westermann, §399 Rdn. 12。

資放款，有害整體社會經濟發展，只是通說❸以為，限制債權讓與自有其正當性，以本題為例，如果不限制薪資債權的可讓與性，將可能會造成公司在發放薪資上的困擾，且如果公司員工果真有融資必要，公司也可以事後加以同意，不致影響員工生活，故債權禁止讓與約定，在無特殊情況下，仍難謂違反公序良俗而無效。

b. 善意保護

固然當事人可以基於私法自治，約定債權不可讓與，創設一個自始不能讓與的債權，但民法第 294 條第 2 項卻又規定「前項第二款不得讓與之特約，不得以之對抗善意第三人」，因此本題如果 B 銀行善意不知債權不可讓與，似乎不排除仍可以主張權利質權的有效設定，而善意取得權利質權。然一般而言，第三人實難以主張對債權內容的善意不知，因為第三人可以輕而易舉向債務人詢問債權內容及限制，故而難以主張自己的善意不知，**況且債權本身是一無體財產權，債權的受讓人自應明瞭並承擔無法確知債權內容的風險性，而不能以自己的善意為由，主張善意取得債權❹**。

c. 違反效力

違反債權禁止讓與約定的處分行為效力，最高法院 50 年臺上字第 539 號判例認為無效，但學說❹傾向應類推適用民法第 118 條第 1 項規定，

---

❸ 參閱 Köhler, SchR I PdW, Fall 118。

❹ 作者認為民法第 294 條第 2 項是指債權人及債務人自始創設一個不具可讓與性的債權，但債權人卻讓與之，善意不知的受讓人可以主張善意取得債權，而非僅是向債務人抗辯而已。其實民法第 294 條第 2 項所應探討者，不在爭議法律性質究竟是「債權善意取得」抑或「善意受讓抗辯」？因為兩者理論都不符合債權的無體性本質。如本題擬答所認為，基於債權的無體性，民法第 294 條第 2 項應檢討的是，實務上根本難以接受債權受讓人的善意主張，故而成為具文，應修法刪除：參閱劉昭辰，台灣本土法學雜誌，第 60 期，第 38 頁以下，並參閱陳啓垂教授的不同意見：民法債編總論實例研習，第 584 頁。

❹ 邱聰智，新訂民法債編通則（下），第 677 頁；陳啓垂，民法債編總論實例研習，第

宜認定僅是效力未定。基於效力未定說，較能顧及當事人利益，故亦為本題擬答認同之，但無論如何，因本題公司始終未同意 A 的權利質權設定行為，故 B 銀行即無法主張有效取得權利質權，也無得主張優先受償。

結論：B 銀行無法向公司主張給付。

2.權利質權的次序

B 銀行可能可以基於權利質權，向公司主張優先清償，前提必須是 B 銀行因公司已經同意 A 的權利質權設定行為，故有效取得權利質權。討論如下：

如上所述，違反債權禁止讓與規定的債權處分行為效力，應類推適用民法第 118 條第 1 項，認定效力未定為宜，並進一步有待權利人的承認。問題在於，本題公司事後都承認兩個債權處分行為，且是先承認 A 將債權讓與給 C 銀行的行為，之後才承認 A 將債權設定權利質權給 B 銀行的行為，則何者處分行為應優先發生效力，不無疑問。

有認為❷債務人事後承認債權的可讓與性，自應以承認時發生效力，因此本題似乎應先由 C 銀行取得債權，公司之後再承認 A 對 B 銀行的設質行為，即屬於無權處分。但通說❸卻以為債務人的承認具有溯及效力，而應以最初的處分為有效。對此爭議，本題擬答亦採通說見解，因為債務人同意將原本「債權禁止讓與」約定加以取消，將使得債權自始成為一個可以讓與的債權，依此即就**應溯及於債權處分行為當時發生效力**。此外，參照民法第 118 條第 3 項規定，亦可知一旦債權人事後取得處分權限，也應溯及處分債權時，發生效力。

---

591 頁。

❷ BGH NJW 88, 1210, 1211.

❸ Medicus, Sch R I §62 I 4 c.

結論：B 可以優先受償。

【題後說明】

1. 由本題可知，以**債權（或股票）作為擔保，實務上主要有兩種方式：一為民法第 900 條的設定權利質權，另一則為習慣法上的讓與擔保**。就後者而言，無須通知債務人，債權讓與即生效力，就前者而言，雖通說認為也無須通知債務人，權利質權即生效力，但作者一貫以為❹，既然質權擔保設定是一物權行為，基於物權行為公示性要求，以債權設定權利質權，通知債務人自是必要的成立要件，以避免債權人多次秘密質押。

2. **無體財產權，除債權外，專利權、著作權及商標權都無善意取得的可能，也無時效取得的可能**❺，但卻常會被法律人誤解，最高法院 103 年臺上字第 5 號判決具有重要指標性見解，值得一讀：「（……）著作權無法如物權人僅須占有特定之有體物即可排除他人使用。倘許原著作權人以外之第三人得以準占有人之地位，（……）繼續十年或五年後即得因時效取得著作權，任何人均得以此方式取得著作權，若有二人以上同時主張時效取得，究竟該著作權應歸屬何人，勢必造成著作權法律關係之混亂，（……）因此，關於著作權不在民法第七百七十二條準用之列。（……）至著作權執照之性質，於上訴人主張在七十九年二月一日自綜一公司受讓著作權時，著作權註冊或登記並無任何推定效力，亦不足以持此謂綜一公司享有著作權之表徵，而要求真正的著作權人退居其次。倘承認第三人得善意取得著作權，將過於保護交易安全，而可能降低著作人之創作意願，無由達成著作權法之立法目的，是以善意取得制度於著作權並無準用之餘地。上訴人主張其得依民法第九百六十六條第一項準用第八百零一條、第九百四十八條第一項本文規定，善意取得系爭音樂著作之著作財產權，亦屬無據」。

❹ 參閱劉昭辰，物權法實例研習，例題 36【配偶的存摺】。

❺ 參閱劉昭辰，占有，第 130 頁。

參考書目

一、中文部分

王澤鑑，債法原理㈠，2002 年 10 月，增訂版 6 刷

　　　　侵權行為法，2005 年 1 月

　　　　特殊侵權行為，2006 年 7 月

史尚寬，債法總論，1975 年 4 月，四版

林誠二，債法總論新解（上），2010 年 9 月，瑞興圖書

　　　　債法總論新解（下），2010 年 3 月，瑞興圖書

邱聰智，新訂民法債編通則（上），2001 年 10 月，新訂一版一刷

　　　　新訂民法債編通則（下），2001 年 2 月，新訂一版一刷

孫森焱，民法債編總論（上），2005 年 12 月修訂版

　　　　民法債編總論（下），2006 年 1 月修訂版

陳啓垂，民法債編總論實例研習，2016 年 5 月，三民書局

黃立，民法債編總論，2002 年 9 月，二版 3 刷，元照出版社

鄭玉波，民法債編總論，1978 年 7 月，七版，三民書局

劉春堂，民法債編通則㈠，2001 年 9 月，初版第一刷

二、德文部分

Brox, Allgemeines Schuldrecht, 20. Aufl., C.H. Beck, 1992 München

Jauernig, Kommentar des BGB, 8. Aufl., C.H. Beck, 1997 München

Köhler, PdW, Schuldrecht I, 13. Aufl., C.H. Beck, 1989 München

Larenz, Schuldrecht Bd. I, Allgemeiner Teil, 14. Aufl., C.H. Beck, 1987 München

Larenz/Canaris, Schuldrecht Bd. II/2, Besonderer Teil, 13. Aufl., C.H. Beck, 1994 München

Medicus, Bürgerliches Recht, 14. Aufl., Carl Heymanns, 1990

　　　　Schuldrecht I, Allgemeiner Teil, 12. Aufl., C.H. Beck, 2000 München

Münchener Kommentar zum BGB, Band 5, Besonderer Teil, 3. Aufl., C.H. Beck, 1997 München

Palandt, Kommentar des BGB, 65. Aufl., C.H. Beck, 2006 München